HET IJS GOUDEN DESSERTS KOOKBOEK

Ontdek de rijke wereld van bevroren lekkernijen met
100 weelderige recepten

Abel Verhoeven

Auteursrechtelijk materiaal ©2024

Alle rechten voorbehouden

Geen enkel deel van dit boek mag in welke vorm of op welke manier dan ook worden gebruikt of overgedragen zonder de juiste schriftelijke toestemming van de uitgever en eigenaar van het auteursrecht, met uitzondering van korte citaten die in een recensie worden gebruikt. Dit boek mag niet worden beschouwd als vervanging voor medisch, juridisch of ander professioneel advies.

INHOUDSOPGAVE

INHOUDSOPGAVE **3**
INVOERING **6**
GATEAUX, BOMMEN & TERRINES **7**
   1. Terrine van bevroren bitterkoekjes 8
   2. Chocolade- en kersenijstaart 10
   3. Chocolade bom 13
   4. Grand Marnier & Sinaasappel IJssoufflé 15
   5. Bevroren dubbele chocolademousse 18
   6. Bevroren Lemon Curd-cake 20
   7. Ananas Gebakken Alaska 23
   8. Bevroren Aardbeien Pavlova Rol 25
   9. Bevroren frambozen- en perziktrifle 27
IJSJE **29**
   10. Botanisch lavendelijs 30
   11. Abrikoos Earl Grey-ijs 33
   12. Datum-ijs 36
   13. Gouden Vijgenijs Met Rum 38
   14. Vers gemberijs 40
   15. Vers perzikijs 42
IJS **44**
   16. Gelato Di Crema 45
   17. Pistache-gelato 47
   18. Bittere chocoladegelato 49
   19. Frambozen Ripple Gelato 51
   20. Citroengelato 53
   21. Tutti-Frutti-gelato 55
   22. Koffie gelato 57
   23. Kumquat-gelato 59
   24. Amandel Amaretto Gelato 61
   25. Havermout Kaneelijs 63
   26. Dubbele chocoladegelato 65
   27. Kers-Aardbeiengelato 67
   28. Limoengelato met chiazaden 69
   29. Toblerone-gelato 71
   30. Chocolade Nutella Gelato 73
   31. Kersengelato 75
   32. Blackberry-gelato 77
   33. Frambozengelato 79
   34. Bosbessengelato 81
   35. Mango-gelato 83

36. Pindakaas-gelato 85
37. Hazelnoot-gelato 87
38. Gemengde bessengelato 89
39. Kokos-gelato 91
40. Pompoen-gelato 93
41. Ananas En Kokosijs 95
42. Limonade-gelato 97
43. Avocado-gelato 99
44. Gelato van donkere chocolade 101
45. Karamel-gelato 103
46. Hazelnoot-gelato 105
47. Nutella-gelato 107
48. Aardbeiengelato 109
49. Chocoladeschilfer-gelato 111
50. Cannoli-gelato 114
51. Zure Kersengelato 117
52. Pittige chocoladegelato 120

SUNDADES 123
53. Knickerbocker glorie 124
54. Perzik Melba 126
55. Chocolade-noot-ijscoupe 128

SORBET 130
56. Gemengde bessensorbet 131
57. Aardbei En Kamille Sorbet 133
58. Aardbeien-, Ananas- En Sinaasappelsorbet 135
59. Banaan-Aardbeiensorbet 137
60. Frambozensorbet 139
61. Tristar Aardbeiensorbet 141
62. Sorbete de Jamaica 143
63. Passievruchtsorbet 145
64. Kiwi-sorbet 147
65. Kweepeersorbet 149
66. Guavesorbet 151
67. Granaatappel Gembersorbet 153
68. Cranberry Appelsorbet 155
69. Watermeloensorbet 157
70. Cactus Paddle Sorbet Met Ananas En Limoen 159
71. Avocado-passievruchtsorbet 161
72. Zuurzaksorbet 163
73. Voor een frisse ananassorbet 165
74. Witte perziksorbet 167
75. Perensorbet 169
76. Concord-druivensorbet 171

INHOUDSOPGAVE

INHOUDSOPGAVE 3
INVOERING 6
GATEAUX, BOMMEN & TERRINES 7
    1. Terrine van bevroren bitterkoekjes 8
    2. Chocolade- en kersenijstaart 10
    3. Chocolade bom 13
    4. Grand Marnier & Sinaasappel Ijssoufflé 15
    5. Bevroren dubbele chocolademousse 18
    6. Bevroren Lemon Curd-cake 20
    7. Ananas Gebakken Alaska 23
    8. Bevroren Aardbeien Pavlova Rol 25
    9. Bevroren frambozen- en perziktrifle 27
IJSJE 29
    10. Botanisch lavendelijs 30
    11. Abrikoos Earl Grey-ijs 33
    12. Datum-ijs 36
    13. Gouden Vijgenijs Met Rum 38
    14. Vers gemberijs 40
    15. Vers perzikijs 42
IJS 44
    16. Gelato Di Crema 45
    17. Pistache-gelato 47
    18. Bittere chocoladegelato 49
    19. Frambozen Ripple Gelato 51
    20. Citroengelato 53
    21. Tutti-Frutti-gelato 55
    22. Koffie gelato 57
    23. Kumquat-gelato 59
    24. Amandel Amaretto Gelato 61
    25. Havermout Kaneelijs 63
    26. Dubbele chocoladegelato 65
    27. Kers-Aardbeiengelato 67
    28. Limoengelato met chiazaden 69
    29. Toblerone-gelato 71
    30. Chocolade Nutella Gelato 73
    31. Kersengelato 75
    32. Blackberry-gelato 77
    33. Frambozengelato 79
    34. Bosbessengelato 81
    35. Mango-gelato 83

36. Pindakaas-gelato 85
37. Hazelnoot-gelato 87
38. Gemengde bessengelato 89
39. Kokos-gelato 91
40. Pompoen-gelato 93
41. Ananas En Kokosijs 95
42. Limonade-gelato 97
43. Avocado-gelato 99
44. Gelato van donkere chocolade 101
45. Karamel-gelato 103
46. Hazelnoot-gelato 105
47. Nutella-gelato 107
48. Aardbeiengelato 109
49. Chocoladeschilfer-gelato 111
50. Cannoli-gelato 114
51. Zure Kersengelato 117
52. Pittige chocoladegelato 120

SUNDADES 123
53. Knickerbocker glorie 124
54. Perzik Melba 126
55. Chocolade-noot-ijscoupe 128

SORBET 130
56. Gemengde bessensorbet 131
57. Aardbei En Kamille Sorbet 133
58. Aardbeien-, Ananas- En Sinaasappelsorbet 135
59. Banaan-Aardbeiensorbet 137
60. Frambozensorbet 139
61. Tristar Aardbeiensorbet 141
62. Sorbete de Jamaica 143
63. Passievruchtsorbet 145
64. Kiwi-sorbet 147
65. Kweepeersorbet 149
66. Guavesorbet 151
67. Granaatappel Gembersorbet 153
68. Cranberry Appelsorbet 155
69. Watermeloensorbet 157
70. Cactus Paddle Sorbet Met Ananas En Limoen 159
71. Avocado-passievruchtsorbet 161
72. Zuurzaksorbet 163
73. Voor een frisse ananassorbet 165
74. Witte perziksorbet 167
75. Perensorbet 169
76. Concord-druivensorbet 171

77. Deviled Mango-sorbet 173
BEVROREN YOGHURT 175
78. Verse gember bevroren yoghurt 176
79. Verse perzik bevroren yoghurt 179
80. IJslandse cake Frozen Yogurt 182
81. Bevroren Yoghurt Met Rozemarijn En Gekonfijt Fruit 185
82. Bevroren chocoladeverrassing 187
83. Bramen Frozen Yoghurt 189
84. Johannesbrood-Honing Frozen Yogurt 191
85. Gember En Rabarber Yoghurt Ijs 193
86. Honing Frozen Yoghurt 195
AFFOGATO 197
87. Chocolade Hazelnoot Affogato 198
88. Amaretto Affogato 200
89. Tiramisu Affogato 202
90. Affogato van gezouten karamel 204
91. Citroensorbet Affogato 206
92. Pistache Affogato 208
93. Kokos Affogato 210
94. Amandel Affogato 212
95. Sinaasappel En Donkere Chocolade Affogato 214
96. Nutella Affogato 216
97. Affogato met muntchocoladechips 218
98. Frambozensorbetto Affogato 220
99. Karamel Macchiato Affogato 222
100. Hazelnoot Biscotti Affogato 224
CONCLUSIE 226

INVOERING

Welkom bij 'HET IJS GOUDEN DESSERTS KOOKBOEK', uw paspoort om de rijke en luxueuze wereld van bevroren lekkernijen te verkennen via 100 weelderige recepten die uw smaakpapillen zullen verblinden en uw zintuigen zullen verrukken. Ice Gold vertegenwoordigt de belichaming van bevroren verwennerij, waarbij elke hap een symfonie is van smaken, texturen en sensaties die je meenemen naar een rijk van pure culinaire gelukzaligheid. In dit kookboek nodigen we je uit voor een reis door het landschap van bevroren desserts, waar creativiteit geen grenzen kent en decadentie de boventoon voert.

In dit kookboek ontdek je een schat aan recepten voor bevroren desserts die de grenzeloze mogelijkheden van Ice Gold laten zien. Van klassieke favorieten zoals romige gelato en verfrissende sorbet tot innovatieve creaties zoals extravagante ijstaarten en elegante semifreddo: elk recept is een bewijs van het kunstenaarschap en de vindingrijkheid van diepvriesdessertmakers over de hele wereld. Of je nu een doorgewinterde connaisseur bent of een beginnende ontdekkingsreiziger, er is voor ieder wat wils in deze collectie. Wat "HET IJS GOUDEN DESSERTS KOOKBOEK" onderscheidt, is de nadruk op extravagantie en luxe. Elk recept is zo samengesteld dat het een gevoel van weelde en verwennerij oproept, waarbij hoogwaardige ingrediënten, ingewikkelde technieken en een prachtige presentatie worden gebruikt om bevroren meesterwerken te creëren die even mooi als heerlijk zijn. Of u nu een uitgebreid etentje organiseert, een speciale gelegenheid viert of uzelf gewoon trakteert op een moment van culinaire verwennerij, deze recepten zullen zeker een blijvende indruk achterlaten. In dit kookboek vindt u praktische tips om de kunst van het maken van diepvriesdesserts onder de knie te krijgen, evenals verbluffende fotografie om uw culinaire creaties te inspireren. Of u nu een snelle sorbet klaarmaakt voor een warme zomerdag of zich bezighoudt met een uitgebreide ijstaart voor een feestelijke bijeenkomst, "HET IJS GOUDEN DESSERTS KOOKBOEK" biedt een schat aan recepten, technieken en inspiratie om u te helpen bevroren lekkernijen te creëren. die werkelijk bewondering waard zijn.

GATEAUX, BOMMEN & TERRINES

1.Terrine van bevroren bitterkoekjes

INGREDIËNTEN:
- 2 eiwitten
- 1/2 kopje banketbakkerssuiker, gezeefd
- 2 kopjes slagroom, zacht opgeklopt
- 1 kop gemalen bitterkoekjes
- 3 eetl. Amaretto-likeur
- 1 kopje gemalen amandelpraliné
- chocoladekrullen of -vormpjes, om te versieren
- Klop de eiwitten stijf en spatel de suiker erdoor tot het dik en glanzend is.

INSTRUCTIES:
a) Klop in een andere kom de room stijf en spatel er vervolgens de gemalen bitterkoekjes en Amaretto door. Spatel het eiwit erdoor.
b) Schep het in een terrinepan of broodvorm van 3 x 11 inch en vries het een nacht in tot het volledig stevig is.
c) Wanneer u klaar bent om te serveren, legt u het op een gevouwen vel folie. Leg de praline op een ander vel. Bestrijk de terrine voorzichtig met de gemalen praline en druk zachtjes aan met een paletmes zodat alles behalve de bodem bedekt is. Doe de terrine op een serveerschaal en versier met de stukjes chocolade.

2. Chocolade- en kersenijstaart

INGREDIËNTEN:
- 1 kop (2 stokjes) ongezouten boter
- 1 kop superfijne suiker
- 1 theelepel. puur vanille extract
- 4 eieren, losgeklopt
- 2 kopjes minder 1 volle eetl. bloem voor alle doeleinden
- 1 volle eetl. ongezoet cacaopoeder
- 1 1/2 theelepel. bakpoeder
- 4 kopjes ontpitte en gehakte kersen
- 1/2 kopje cranberrysap
- 3 eetl. licht bruine suiker
- 1/2 recept luxe vanille-gelato
- 1 kopje slagroom, zacht opgeklopt
- enkele kersen voor de topping
- chocolade krullen

INSTRUCTIES:

a) Verwarm de oven voor op 180 °C. Vet een springvorm van 7 inch of een diepe cakevorm met losse bodem licht in. Klop de boter, suiker en vanille samen tot een bleek en romig mengsel. Klop voorzichtig de helft van de eieren erdoor en spatel er geleidelijk de droge ingrediënten door, afgewisseld met de rest van de eieren, tot alles goed gemengd is. Schep het mengsel in de voorbereide cakevorm, maak de bovenkant plat en bak gedurende 35 tot 40 minuten tot het net stevig aanvoelt. Laat afkoelen in de pan, verwijder het, wikkel het in folie en zet het in de koelkast tot het echt koud is, om het snijden gemakkelijker te maken.

b) Doe de kersen in een kleine pan met het cranberrysap en de bruine suiker. Kook op matig vuur tot ze gaar zijn. Zet opzij om af te koelen en zet vervolgens in de koelkast tot het echt koud is. Bereid het vanillegelato tot het een lepelbare consistentie heeft.

c) Snijd de cake met een lang mes in drie gelijke lagen. Plaats een laag in de 7-inch cakevorm en bedek met de helft van de kersen en een derde van hun sap. Bedek met een laag gelato en vervolgens de tweede cakelaag. Voeg de rest van de kersen toe, maar niet al het sap (gebruik de rest van het sap om de onderkant van de derde cakevorm te bevochtigen). Bedek met de rest van de gelato en de laatste cakevorm. Goed aandrukken, afdekken met plasticfolie en een nacht invriezen. (Indien gewenst kan de taart maximaal 1 maand in de vriezer bewaard worden.)

d)

3.Chocolade bom

INGREDIËNTEN:
- 1/2 recept bittere chocoladegelato
- 1/2 kopje slagroom
- 1 klein eiwit
- 1/8 kop superfijne suiker
- 4 Oz. verse frambozen, gepureerd en gezeefd
- 1 recept frambozensaus

INSTRUCTIES:

a) Zet in de vriezer een bombe-vorm of metalen kom van 3 1/2 tot 4 kopjes. Bereid de gelato voor. Als het een smeerbare consistentie is, plaats je de vorm in een kom met ijs. Bekleed de binnenkant van de vorm met gelato en zorg ervoor dat het een dikke, gelijkmatige laag is. Maak de bovenkant glad. Zet de vorm onmiddellijk in de vriezer en vries in tot hij echt stevig is.

b) Klop ondertussen de slagroom stijf. Klop in een aparte kom het eiwit tot het zachte pieken vormt en klop vervolgens voorzichtig de suiker erdoor tot het glanzend en stijf is. Meng de slagroom, het eiwit en de gezeefde frambozen door elkaar en laat afkoelen. Als het chocolade-ijs echt stevig is, schep je het frambozenmengsel in het midden van de bombe. Maak de bovenkant glad, dek af met vetvrij papier of folie en zet minimaal 2 uur in de vriezer.

c) Haal de bombe ongeveer 20 minuten voor het serveren uit de vriezer, duw een fijne spies door het midden om de luchtsluis vrij te maken en ga met een mes langs de binnenste bovenrand. Keer het om op een gekoeld bord en veeg de pan kort af met een hete doek. Knijp of schud een of twee keer in de pan om te zien of de bombe eruit glijdt; Als dit niet het geval is, veegt u opnieuw af met een warme doek.

d) Als het eruit glijdt, moet je misschien de bovenkant gladmaken met een klein paletmes en dan onmiddellijk terug in de vriezer leggen voor minstens 20 minuten om weer op te stijven.

e) Serveer, in plakjes gesneden, met de frambozensaus. Deze bombe is in de pan in de vriezer 3 tot 4 weken houdbaar.

4.Grand Marnier & Sinaasappel Ijssoufflé

INGREDIËNTEN:

- 4 grote sinaasappelen
- 1 (1/4-oz.) envelop-gelatine zonder smaak
- 6 grote eieren, gescheiden
- 1 kopje plus 2 eetl. superfijne suiker
- 4 tot 6 eetl. Grote Marnier
- 2 eetlepels. citroensap
- 1 3/4 kopjes slagroom, opgeklopt
- 2 eetlepels. water
- enkele stengels rode bessen

INSTRUCTIES:

a) Maak een diepe, diepe souffléschaal van 19 cm breed door deze in een kraag van dubbel vetvrij papier te wikkelen die ongeveer 5 cm boven de rand komt. Zet het vetvrij papier vast met tape. Rasp de schil van 2 sinaasappels fijn en zet opzij. Pers voldoende sap uit 2 of 3 sinaasappels om 1 kopje sap te maken. Verwarm het sinaasappelsap en roer de gelatine erdoor. Zet het opzij om op te lossen of doe het in een kleine kom boven heet water tot het volledig is opgelost.

b) Klop de eierdooiers en 1 kopje suiker tot een dik en romig mengsel. Klop het sinaasappelsap, de sinaasappelschil, de Grand Marnier en het citroensap erdoor. Zet opzij om af te koelen, maar laat het niet afkoelen. Klop de eiwitten stijf. Spatel ze voorzichtig door het afgekoelde mengsel van sinaasappel en eigeel, gevolgd door de slagroom, tot ze goed zijn opgenomen. Schep het mengsel in de voorbereide souffléschaal en vries het enkele uren of een hele nacht in de vriezer.

c) Snijd de resterende sinaasappel in dunne plakjes, halveer ze en doe ze in een ondiepe pan of koekenpan met de resterende 2 eetlepels suiker en 2 eetlepels water. Laat zachtjes sudderen tot ze zacht zijn en kook dan op hoog vuur tot de sinaasappelpartjes beginnen te karameliseren. Laat het goed afkoelen op een vel vetvrij papier.

d) Om te serveren verwijdert u voorzichtig de papieren kraag rond de soufflé en plaatst u de schaal op een serveerschaal. Verdeel de gekarameliseerde sinaasappelpartjes over de soufflé en voeg enkele takjes verse rode bessen toe.

5.Bevroren dubbele chocolademousse

INGREDIËNTEN:
- 3 tot 4 eetl. zeer hete melk
- 1 (1/4-oz.) envelop-gelatine zonder smaak
- 1 1/2 kopjes witte chocoladestukjes
- 4 eetl. (1/2 stokje) ongezouten boter
- 2 grote eiwitten
- 1/2 kop superfijne suiker
- 1/2 kopje fijngehakte pure chocolade (je wilt wat textuur behouden)
- 1/2 kopje slagroom, licht opgeklopt
- 1/2 kop yoghurt in Griekse stijl
- 18 met chocolade omhulde koffiebonen of rozijnen
- 1 theelepel. ongezoet cacaopoeder, gezeefd

INSTRUCTIES:
a) Strooi de gelatine over de hete melk en roer om op te lossen. Zet indien nodig 30 seconden in de magnetron om het te helpen oplossen. Smelt de witte chocolade en de boter zachtjes tot een gladde massa. Roer de opgeloste gelatine erdoor en laat afkoelen, maar laat het niet opnieuw opstijven. Klop de eiwitten stijf, klop vervolgens geleidelijk de suiker erdoor en spatel de pure chocolade erdoor.

b) Meng de afgekoelde witte chocolade, slagroom, yoghurt en eiwitten voorzichtig door elkaar. Schep het mengsel in 6 afzonderlijke vormpjes, of één grote vorm, bekleed met plasticfolie om het uitvormen gemakkelijk te maken. Maak de bovenkanten netjes plat. Dek af en vries gedurende 1 tot 2 uur of een nacht in.

c) Om te serveren, maakt u de bovenranden los met een klein mes. Keer elke vorm om op een serveerschaal en veeg af met een hete doek, of haal de mousse er voorzichtig uit met plasticfolie. Zet de mousses terug in de vriezer, tot ze klaar zijn om te eten. Serveer met met chocolade omhulde koffiebonen of rozijnen en een lichte zeef van chocoladepoeder.

6.Bevroren Lemon Curd-cake

INGREDIËNTEN:
- 1/2 kop (1 stokje) ongezouten boter
- 1/2 kop superfijne suiker
- 2 grote eieren
- 1 theelepel. puur vanille extract
- 1 kopje bloem voor alle doeleinden
- 1 1/2 theelepel. bakpoeder
- 2 tot 4 eetl. melk
- 1 1/2 kopjes citroenwrongel van goede kwaliteit
- 2 grote citroenen
- 1 (1/4-oz.) envelop-gelatine zonder smaak
- 2 kopjes roomkaas
- 1 kopje superfijne suiker
- 1 kopje yoghurt
- 2 grote eiwitten

INSTRUCTIES:

a) Verwarm de oven voor op 190°C. Klop de boter en de suiker tot een bleek en romig mengsel en klop er dan de eieren en de vanille door. Roer geleidelijk de droge ingrediënten erdoor en voeg een beetje melk toe als het mengsel geen zachte, druppelende consistentie heeft.

b) Als het goed gemengd is, schep je het in een vierkante cakevorm van 8 inch met losse bodem met anti-aanbaklaag. Strijk de bovenkant glad en bak gedurende 20 tot 25 minuten tot het gelijkmatig gerezen is en stevig aanvoelt. Laat afkoelen in de pan.

c) Verwijder intussen enkele grote fijne reepjes citroenschil ter decoratie en bewaar deze afgedekt. Rasp de rest van de schil in een mengkom. Knijp het sap in een maatbeker en voeg water toe om 3/4 kopje vloeistof te maken. Verwarm deze vloeistof, bestrooi met de gelatine en roer tot deze is opgelost. Laten afkoelen.

d) Doe de kwark met de citroenschil in de kom, voeg de helft van de suiker toe en klop tot een romige massa. Meng vervolgens de afgekoelde gelatine en de yoghurt erdoor.

e) Klop het eiwit in een aparte kom stijf en spatel de suiker erdoor. Spatel dit mengsel door het kwarkmengsel tot een gladde massa.

f) Verdeel een dikke laag citroengestremde melk over de cake in de pan en schep het kwarkmengsel erop. Strijk de bovenkant glad en plaats hem 2 uur in de vriezer, of tot hij klaar is om te serveren.

7.Ananas Gebakken Alaska

INGREDIËNTEN:
- 1 6 tot 8 oz. stukje in de winkel gekochte gembercake
- 6 plakjes rijpe, geschilde ananas
- 3 kopjes tutti-frutti gelato, verzachtend
- 3 grote eiwitten
- 3/4 kop superfijne suiker
- enkele stukjes verse ananas, om te versieren

INSTRUCTIES:
a) Snijd de cake in 2 dikke stukken en plaats deze in een vierkant of cirkel op een vel herbruikbare bakvorm op een bakblik, zodat je hem later gemakkelijk op een serveerschaal kunt overbrengen.
b) Snij de 6 ananasplakken in driehoeken of kwarten, over de taart heen om eventuele druppels op te vangen. Schik de stukjes ananas op de taart en bedek met de gelato. Zet de pan onmiddellijk in de vriezer om de gelato opnieuw in te vriezen als deze te zacht is geworden.
c) Klop intussen de eiwitten stijf en klop er geleidelijk de suiker door tot het mengsel stijf en glanzend wordt. Verdeel het meringuemengsel gelijkmatig over de gelato en plaats het terug in de vriezer. Indien gewenst kan dit een paar dagen worden ingevroren.
d) Wanneer u klaar bent om te serveren, verwarm de oven dan tot 230°C. Zet de bakvorm slechts 5 tot 7 minuten in de hete oven, of tot hij helemaal goudbruin is. Doe over in een serveerschaal en serveer onmiddellijk, versierd met enkele stukjes verse ananas.

8. Bevroren Aardbeien Pavlova Rol

INGREDIËNTEN:
- 2 theelepel. maïszetmeel
- 1 kop superfijne suiker
- 4 eiwitten, op kamertemperatuur
- banketbakkerssuiker, gezeefd
- 1 1/2 kopjes aardbeiensorbet
- 1/2 kop zware room
- banketbakkerssuiker, verse aardbeien en muntblaadjes, om te versieren

INSTRUCTIES:
a) Lijn een 12 × 9-in. jelly-roll-pan met een anti-aanbaklaag of vetvrij papier, op maat gesneden. Zeef het maizena en meng het gelijkmatig met de superfijne suiker.
b) Klop de eiwitten tot ze stevige pieken vormen, maar niet droog en kruimelig zijn. Voeg vervolgens het suiker-maïzena-mengsel geleidelijk toe tot het stijf en glanzend is. Schep het in de voorbereide pan en maak de bovenkant plat.
c) Plaats in een koude oven en draai deze naar 300 ° F (150 ° C). Kook gedurende 1 uur tot de bovenkant knapperig is, maar de meringue nog steeds veerkrachtig aanvoelt (als het al vroeg in het koken lijkt te kleuren, verlaag dan de temperatuur zodat het niet bruin wordt).
d) Leg het onmiddellijk op een dubbel vel vetvrij papier dat is bestrooid met gezeefde banketbakkerssuiker en laat afkoelen.
e) Maak ondertussen de sorbet zacht en klop de slagroom stijf. Als de meringue is afgekoeld, bestrijk hem dan voorzichtig en snel met de sorbet en vervolgens met de slagroom. Rol het op, gebruik het papier als steun en wikkel het lichtjes in folie.
f) Keer terug naar de vriezer. Zet het ongeveer 1 uur (of maximaal enkele dagen) in de vriezer voordat je het serveert, bestrooid met nog meer banketbakkerssuiker en gegarneerd met verse aardbeien en munt.

9.Bevroren frambozen- en perziktrifle

INGREDIËNTEN:
- 4 stuks pondcake, in stukjes gesneden
- 4 tot 8 eetl. sherry of marsala
- 7 tot 8 eetl. frambozengelei
- 1 kopje verse of bevroren frambozen
- 2 stevige rijpe perziken, geschild en in plakjes gesneden
- 4 bolletjes vanille-ijs, verzachtend
- 1 kopje slagroom
- verse frambozen en perzikschijfjes, om te versieren

INSTRUCTIES:
a) Verkruimel de cake op de bodem van 4 glazen serveerschalen of glazen. Strooi de sherry of Marsala gelijkmatig over de cake.
b) Meng de gelei en de frambozen en schep dit over de taart. Garneer met de gesneden perziken.
c) Verdeel het verzachtende ijs over de perziken. Bestrijk met de slagroom en vries het maximaal 1 uur in voordat u het serveert.
d) Wanneer je klaar bent om te serveren, garneer met een paar stukjes vers fruit.

IJSJE

10.Botanisch lavendelijs

INGREDIËNTEN:
- 2 kopjes zware room
- 1 kopje volle melk
- 3/4 kop kristalsuiker
- 2 eetlepels gedroogde lavendelknoppen (culinaire kwaliteit)
- 5 grote eidooiers
- 1 theelepel vanille-extract

INSTRUCTIES:
INFUSEER DE ROOM EN MELK:
a) Meng in een pan de slagroom, volle melk en gedroogde lavendelknoppen.
b) Verwarm het mengsel op middelhoog vuur tot het net begint te koken. Niet koken.
c) Zodra het kookt, haal je de pan van het vuur en laat je de lavendel ongeveer 20-30 minuten in het mengsel trekken.
d) Na het trekken het mengsel door een fijnmazige zeef of kaasdoek zeven om de lavendelknoppen te verwijderen. Druk op de lavendel om zoveel mogelijk smaak eruit te halen.

BEREIDING VAN DE IJSBASIS:
e) Klop in een aparte kom de eidooiers en de suiker tot alles goed gemengd en enigszins ingedikt is.
f) Giet de met lavendel doordrenkte room langzaam bij het eimengsel en klop voortdurend om te voorkomen dat de eieren gaan stremmen.
g) Doe het gecombineerde mengsel terug in de pan.
h) Kook de vla op middelhoog vuur, onder voortdurend roeren, tot hij voldoende dik is om de achterkant van een lepel te bedekken. Dit duurt meestal ongeveer 5-7 minuten. Laat het niet koken.
i) Zeef de custard door een fijnmazige zeef in een schone kom om eventuele stukjes gekookt ei of lavendelresten te verwijderen.
j) Laat de vla afkoelen tot kamertemperatuur. Je kunt het proces versnellen door de kom in een ijsbad te plaatsen.
k) Zodra de custard is afgekoeld, roer je het vanille-extract erdoor.
l) Bedek de kom met plasticfolie en zet deze minimaal 4 uur of een hele nacht in de koelkast, zodat de smaken kunnen vermengen.

KOM HET IJS:

m) Giet het gekoelde mengsel in een ijsmachine en draai volgens de instructies van de fabrikant.
n) Doe het gekarnde ijs in een bakje met deksel en vries het een paar uur in, of tot het stevig is.
o) Schep het botanische ijs in kommen of hoorntjes en geniet van de unieke smaken!

11.Abrikoos Earl Grey-ijs

INGREDIËNTEN:
- 1 kopje gedroogde abrikozen
- ⅓ kopje plus 2 eetlepels kristalsuiker
- ⅔ kopje water
- 1 ½ kopjes melk
- 2 eetlepels Earl Grey theeblaadjes
- 1 ½ kopjes zware room
- Snufje zout
- 4 eierdooiers
- 1 eetlepel abrikozenbrandewijn of sinaasappellikeur

INSTRUCTIES:
a) Meng de abrikozen, 2 eetlepels suiker en water in een kleine, zware pan. Breng op matig vuur aan de kook. Zet het vuur matig laag en laat het zonder deksel sudderen tot de abrikozen zacht zijn, 10 tot 12 minuten.
b) Doe de abrikozen en eventuele resterende vloeistof in een keukenmachine en pureer tot een gladde massa, waarbij u een of twee keer langs de zijkanten van de kom schraapt. Opzij zetten.
c) Combineer de melk en theebladeren in een zware middelgrote pan. Verwarm op laag vuur tot de melk heet is. Haal van het vuur en laat 5 minuten trekken. Giet de melk door een fijnmazige zeef.
d) Doe de melk terug in de pan en voeg de slagroom, de resterende ⅓ kopje suiker en zout toe. Kook op matig vuur, onder regelmatig roeren met een houten lepel, tot de suiker volledig is opgelost en het mengsel heet is, 5 tot 6 minuten. Haal van het vuur.
e) Klop de eidooiers in een middelgrote kom tot ze gemengd zijn. Voeg geleidelijk een derde van de hete room toe in een dun straaltje en klop het mengsel vervolgens terug bij de resterende room in de pan.
f) Kook op matig laag vuur, onder voortdurend roeren tot de custard lichtjes de achterkant van de lepel bedekt, 5 tot 7 minuten; laat niet koken.
g) Haal onmiddellijk van het vuur en zeef de custard in een middelgrote kom. Zet de kom in een grotere kom met ijs en water.

Laat de vla afkoelen tot kamertemperatuur, onder af en toe roeren.
h) Klop de achtergehouden abrikozenpuree en de cognac erdoor tot het gemengd is. Dek af en zet in de koelkast tot het koud is, minimaal 6 uur of een nacht.
i) Giet de vla in een ijsmachine en vries in volgens de aanwijzingen van de fabrikant.

12. Datum-ijs

INGREDIËNTEN:
- ⅓ kopje gehakte ontpitte dadels
- 4 eetlepels rum
- 2 eieren, gescheiden
- ½ kopje kristalsuiker
- ⅔ kopje melk
- 1 ½ kopje kwark
- Fijn geraspte schil en sap van 1 citroen
- ⅔ kopje room, opgeklopt
- 2 eetlepels fijngehakte stemgember

INSTRUCTIES:
a) Week de dadels ongeveer 4 uur in rum. Doe de eierdooiers en de suiker in een kom en klop tot een licht mengsel. Verwarm de melk tot tegen het kookpunt in een pan en roer er de eidooiers door. Doe het mengsel terug in de afgespoelde pan en kook op laag vuur, onder voortdurend roeren, tot het dikker wordt. Koel, af en toe roerend.
b) Verwerk kwark, citroenschil, sap en rum van de dadels samen in een blender of keukenmachine tot een gladde massa en meng vervolgens met de custard. Giet het mengsel in een bakje, dek af en vries in tot het net stevig wordt. Doe het in een kom, klop goed en spatel er de slagroom, dadels en gember door. Klop de eiwitten in een kom stijf maar niet droog en spatel ze door het fruitmengsel. Schep het mengsel terug in de container. Dek af en vries tot het stevig is.
c) Zet het ijs ongeveer 30 minuten voor het serveren in de koelkast.

13.Gouden Vijgenijs Met Rum

INGREDIËNTEN:
- 150 g kant-en-klare gedroogde vijgen
- 250 gram mascarponekaas uit een doos
- 200 gram pakje Griekse yoghurt
- 2 eetlepels lichte muscovadosuiker
- 2 eetlepels donkere rum

INSTRUCTIES:
a) Doe de vijgen in een keukenmachine of blender. Voeg de mascarponekaas, yoghurt, suiker en rum toe. Meng tot een gladde massa en schraap indien nodig de zijkanten af.
b) Dek af en zet ongeveer 30 minuten in de koelkast tot het gekoeld is.
c) Doe het mengsel in de ijsmachine en vries het in volgens de instructies.
d) Overbrengen naar een geschikte container en invriezen tot gebruik.

14.Vers gemberijs

INGREDIËNTEN:
- 2 kopjes zware room
- 1 kopje volle melk
- ¾ kopje suiker
- 1 (7,5 cm) stuk verse gemberwortel, geschild en grof gehakt
- 1 groot ei
- 3 grote eierdooiers
- 1 theelepel vanille-extract

INSTRUCTIES:
a) Combineer room, melk, suiker en gember in een grote pan. Breng aan de kook, roer tot de suiker is opgelost. Haal van het vuur. Dek af en laat afkoelen tot kamertemperatuur. Zeef het mengsel om de hele gemberwortel te verwijderen.
b) Breng het melkmengsel weer aan de kook.
c) Klop het ei en de eierdooiers samen in een grote kom. Wanneer het melkmengsel aan de kook komt, haal het dan van het vuur en laat het heel langzaam door het eimengsel stromen om het te temperen, terwijl je constant blijft kloppen.
d) Wanneer al het melkmengsel is toegevoegd, doe je het terug in de pan en blijf je het op middelhoog vuur koken, onder voortdurend roeren, tot het mengsel voldoende is ingedikt om de achterkant van een lepel te bedekken, 2 tot 3 minuten. Haal van het vuur en klop de vanille erdoor.
e) Dek het melkmengsel af en laat het afkoelen tot kamertemperatuur, en zet het vervolgens in de koelkast tot het goed gekoeld is, 3 tot 4 uur, of een nacht. Giet het gekoelde mengsel in een ijsmachine en vries het in zoals aangegeven.
f) Doe het ijs in een diepvriescontainer en plaats het in de vriezer. Laat het 1 tot 2 uur opstijven voordat u het serveert.

15.Vers perzikijs

INGREDIËNTEN:
- 2 eetlepels niet-gearomatiseerde gelatine
- 3 kopjes melk, verdeeld
- 2 kopjes kristalsuiker
- 1/4 theelepel zout
- 6 eieren
- 1 1/2 kopjes half en half
- 1 klein doosje instant vanillepudding
- 1 eetlepel plus 2 theelepels vanille-extract
- 4 kopjes gemalen perziken

INSTRUCTIES:

a) Maak de gelatine zacht in 1/2 kopje koude melk. Verbrand nog eens 1 1/2 kopjes melk. Roer het gelatinemengsel erdoor tot het is opgelost. Voeg suiker, zout en de resterende 1 kopje melk toe.

b) Klop de eieren op hoge snelheid van de mixer gedurende 5 minuten. Voeg half om half puddingmengsel, vanille-extract en gelatinemengsel toe. Meng goed. Perziken erdoor roeren.

c) Vries het in in een ijsvriezer volgens de instructies van de fabrikant. Rijp gedurende 2 uur.

IJS

16.Gelato Di Crema

INGREDIËNTEN:
- 2 ½ kopjes lichte room
- 5 eierdooiers
- ½ kopje superfijne suiker

INSTRUCTIES:

a) Verwarm de room tot hij begint te borrelen en laat hem dan iets afkoelen.

b) Klop in een grote hittebestendige kom de eierdooiers en de suiker tot ze dik en romig zijn. Klop de verkoelende crème voorzichtig door de eieren.

c) Zet de kom op een pan met zacht kokend water en roer met een houten lepel tot de custard net de achterkant van de lepel bedekt. Verwijder de kom en laat hem afkoelen.

d) Wanneer de custard volledig is afgekoeld, giet je hem in een ijsmachine en verwerk je hem volgens de aanwijzingen van de fabrikant of gebruik je de handmatige mengmethode . Stop met karnen als het bijna stevig is, doe het in een diepvriesbakje en laat het 15 minuten in de vriezer staan voordat je het serveert, of totdat je het nodig hebt.

e) Deze gelato kan het beste vers worden gegeten, maar kan maximaal 1 maand worden ingevroren. Haal het minstens 15 minuten voor het serveren uit de pan, zodat het iets zachter wordt.

17. Pistache-gelato

INGREDIËNTEN:
- 2 kopjes gepelde pistachenoten
- een paar druppels puur amandelextract
- een paar druppels puur vanille-extract
- 1 recept gelato di crema

INSTRUCTIES:
a) Week de gepelde pistachenoten 5 minuten in kokend water, laat ze uitlekken en wrijf de schil eraf met een schone doek. Maal de noten tot een pasta in een blender of keukenmachine met een paar druppels amandel- en vanille-extract. Voeg een heel klein beetje heet water toe om een gladde puree te creëren.
b) Bereid de basisgelato of een van de variaties ervan. Roer de puree door de gelato, proef en voeg indien nodig nog een paar druppels van een of beide extracten toe naar smaak.
c) Giet het in een ijsmachine en verwerk het volgens de aanwijzingen van de fabrikant, of doe het in een diepvriescontainer en gebruik de handmatige mengmethode . Stop met karnen als het bijna stevig is, doe het in een diepvriesbakje en laat het 15 minuten in de vriezer staan voordat je het serveert, of totdat je het nodig hebt.
d) Een rijk notenijs als dit mag niet langer dan een paar weken worden ingevroren. Haal het 15 minuten voor het serveren uit de vriezer, zodat het iets zachter wordt.
e)

18.Bittere chocoladegelato

INGREDIËNTEN:
- 2 ½ kopjes volle melk
- 7 oz. pure chocolade, in stukjes gebroken
- 5 eierdooiers
- ¼ kopje lichtbruine suiker
- 1 kopje zware room, opgeklopt

INSTRUCTIES:

a) Verwarm de helft van de melk in een pan met de chocolade tot deze gesmolten en glad is, af en toe roeren. Zet opzij om af te koelen. Breng de rest van de melk bijna aan de kook. Klop in een grote hittebestendige kom de eierdooiers en de suiker tot een dik mengsel en klop er geleidelijk de hete melk door.

b) Zet de kom boven een pan met kokend water en roer met een houten lepel tot de custard net de achterkant van de lepel bedekt.

c) Haal van het vuur en zet opzij om volledig af te koelen.

d) Meng na het afkoelen de vla en de chocolademelk en spatel de slagroom erdoor. Giet het in een ijsmachine en verwerk het volgens de aanwijzingen van de fabrikant, of giet het in een diepvriescontainer en gebruik de handmatige mengmethode.

e) Roer slechts 15 tot 20 minuten of tot het stevig is. Doe het in de vriezer en vries het 15 minuten in voordat je het serveert of tot je het nodig hebt.

f) Deze gelato met een dichte textuur kan het beste vers worden gegeten, maar kan maximaal 1 maand worden ingevroren.

g) Haal het minstens 15 minuten voor het serveren uit de pan, zodat het iets zachter wordt.

19. Frambozen Ripple Gelato

INGREDIËNTEN:

- 4 kopjes verse frambozen
- ¼ kopje superfijne suiker
- 1 theelepel. citroensap
- 1 recept gelato di crema

INSTRUCTIES:

a) Haal ¼ kopje frambozen eruit en plet ze kort. Opzij zetten. Meng de resterende bessen, de suiker en het citroensap. Druk door een zeef. Zet 4 eetlepels puree opzij om af te koelen.

b) Bereid het basisrecept voor gelato di crema voor. Spatel de frambozenpuree door de afgekoelde custard. Roer of vries in zoals voorheen tot het bijna stevig is.

c) Doe de gelato in een luchtdichte diepvriescontainer en voeg afwisselend een lepel van de achtergehouden fruitpuree en de gemalen frambozen toe, zodat het mengsel gaat rimpelen terwijl je het serveert. Vries gedurende 15 minuten in of tot het nodig is.

d) Deze gelato kan ongeveer 1 maand worden ingevroren. Haal het minstens 15 minuten voor het serveren uit de vriezer om het zacht te maken, omdat de hele vruchten het serveren lastig kunnen maken.

20.Citroengelato

INGREDIËNTEN:
- 1 recept lichte gelato
- 2 onbespoten citroenen

INSTRUCTIES:

a) Bereid de lichte basisgelato en meng de fijn geraspte schil van de citroenen en minstens een half kopje citroensap erdoor.

b) Giet het in een ijsmachine en verwerk het volgens de aanwijzingen van de fabrikant, of gebruik de handmatige mengmethode . Stop met karnen als het bijna stevig is, doe het in een diepvriesbakje en laat het 15 minuten in de vriezer staan voordat je het serveert, of totdat je het nodig hebt.

c) Deze gelato kan het beste vers worden gegeten, maar kan maximaal 1 maand worden ingevroren. Haal het 15 minuten voor het serveren uit de vriezer, zodat het iets zachter wordt.

21.Tutti-Frutti-gelato

INGREDIËNTEN:
- 1 recept gelato di crema
- 1 kop gehakt gekonfijt fruit (kersen, ananas, schillen van citrusvruchten, gember)

INSTRUCTIES:
a) Bereid de basisgelato en roer tot deze gedeeltelijk bevroren is. Meng je favoriete fruit erdoor en vries in tot je het nodig hebt.
b) Hoewel vers gegeten, kan deze gelato maximaal 1 maand worden ingevroren. Haal het 15 minuten voor het serveren uit de vriezer, zodat het iets zachter wordt.

22.Koffie gelato

INGREDIËNTEN:
- 1 ¼ kopjes lichte crème
- 5 eierdooiers
- ½ kopje superfijne suiker
- 1 theelepel. puur vanille extract
- 1 ¼ kopje vers gezette, extra sterke espresso

INSTRUCTIES:
a) Verwarm de room tot hij net begint te borrelen en laat hem dan iets afkoelen.
b) Klop in een grote hittebestendige kom de eierdooiers, suiker en vanille tot ze dik en romig zijn. Klop de hete room en de koffie erdoor en plaats de kom boven een pan met zacht kokend water. Roer voortdurend met een houten lepel totdat de custard net de achterkant van de lepel bedekt.
c) Haal de kom van het vuur en laat hem afkoelen. Wanneer het volledig is afgekoeld, giet het in een ijsmachine en verwerk het volgens de aanwijzingen van de fabrikant, of gebruik de handmatige mengmethode . Stop met karnen als het bijna stevig is, doe het in een diepvriesbakje en laat het 15 minuten in de vriezer staan voordat je het serveert, of totdat je het nodig hebt.
d) Deze gelato is vers heerlijk, maar kan wel 3 maanden worden ingevroren. Haal het 15 minuten voor het serveren uit de pan, zodat het iets zachter wordt.

23.Kumquat-gelato

INGREDIËNTEN:
- 2 kopjes gesneden kumquats
- 2 eetlepels. donkere rum of sinaasappelsap
- 3 eetl. licht bruine suiker
- 2 tot 3 eetl. heet water
- 1 recept gelato di crema

INSTRUCTIES:
a) Kook de kumquats in een kleine pan met de rum, bruine suiker en heet water. Laat ze zachtjes borrelen tot ze goudbruin en stroperig worden. Haal van het vuur. Houd 2 eetlepels fruit op siroop opzij als je de gelato ermee wilt versieren. Koel.
b) Bereid de basisgelato en roer het afgekoelde fruit erdoor voordat u gaat karnen. Dit mengsel heeft slechts ongeveer de helft van de gebruikelijke invriestijd nodig.
c) Garneer bij het serveren met het achtergehouden fruit.
d) In de vriezer is dit ijs maximaal 1 maand houdbaar. Vergeet niet om het 15 minuten voor het serveren eruit te halen, zodat het iets zachter wordt.

24.Amandel Amaretto Gelato

INGREDIËNTEN:
- 4 kopjes zware room
- 5 eierdooiers
- 1 kopje kristalsuiker
- 1 kopje gemalen geblancheerde amandelen
- 1 eetlepel Amaretto-likeur

INSTRUCTIES:
a) Giet de room in een pan en verwarm zachtjes.
b) Klop de eidooiers en de suiker samen tot een bleek en romig mengsel. Klop 2 eetlepels van de hete room door het eimengsel en klop vervolgens de resterende room erdoor, halve kop per keer.
c) Giet het mengsel in een dubbele boiler, of in een kom die boven een pan met kokend water wordt geplaatst, en kook op een zacht vuur, onder voortdurend roeren gedurende 15 tot 20 minuten, totdat het mengsel de achterkant van een lepel bedekt. Koel het mengsel af en laat het vervolgens afkoelen.
d) Giet het gekoelde mengsel in een ijsmachine en draai het volgens de aanwijzingen van de fabrikant. Terwijl de peddel aan het karnen is, voeg je de amandelen en Amaretto toe en vries je de gelato een nacht in.
e) Zet het ongeveer 20 minuten in de koelkast voordat je het serveert.

25.Havermout Kaneelijs

INGREDIËNTEN:
- Lege ijsbasis
- 1 kopje haver
- 1 eetlepel gemalen kaneel

INSTRUCTIES:
a) Bereid de blanco basis voor volgens de aanwijzingen.
b) Meng de haver en kaneel in een kleine koekenpan op middelhoog vuur. Rooster, regelmatig roerend, gedurende 10 minuten, of tot ze bruin en aromatisch zijn.
c) Om te laten trekken, voeg je de geroosterde kaneel en haver toe aan de basis zodra ze van het vuur komen en laat je ze ongeveer 30 minuten trekken. Gebruik een zeef die boven een kom is geplaatst; zeef de vaste stoffen en druk ze erdoor om ervoor te zorgen dat je zoveel mogelijk van de gearomatiseerde room krijgt. Er kan een beetje havermoutpulp doorkomen, maar dat geeft niet: het is heerlijk! Bewaar de havermoutbestanddelen voor het havermoutrecept!
d) Bewaar het mengsel een nacht in de koelkast. Als je klaar bent om het ijs te maken, meng je het opnieuw met een staafmixer tot het glad en romig is.
e) Giet het in een ijsmachine en vries het in volgens de aanwijzingen van de fabrikant. Bewaren in een luchtdichte verpakking en een nacht invriezen.

26.Dubbele chocoladegelato

INGREDIËNTEN:
- ½ kopje zware room
- 2 kopjes melk
- ¾ kopje suiker
- ¼ theelepel zout
- 7 ons hoogwaardige pure chocolade
- 1 theelepel vanille-extract
- Kokosboter

INSTRUCTIES:

a) De eerste stap wordt gedaan door de chocolade te smelten en vervolgens een beetje af te koelen. Doe de melk, room en boter in een kom en meng ze tot alles goed gemengd is.

b) Meng de suiker erdoor met een garde en het zout. Blijf ongeveer 4 minuten kloppen tot de suiker en het zout zijn opgelost. Meng vervolgens het vanille-extract erdoor.

c) Meng tot slot de chocolade erdoor tot alles goed gemengd is. Giet de ingrediënten in uw ijsmachine en laat deze 25 minuten draaien.

d) Doe de gelato in een luchtdichte verpakking en plaats deze maximaal 2 uur in de vriezer, totdat de gewenste consistentie is bereikt.

27.Kers-Aardbeiengelato

INGREDIËNTEN:
- ½ kopje zware room
- 2 kopjes melk
- ¾ kopje suiker
- Kokosboter
- 1 kopje gesneden aardbeien
- 1 eetlepel vanille-extract

INSTRUCTIES:
a) Pureer de aardbei grondig met een blender. Doe de melk, room en boter in een kom en meng ze tot alles goed gemengd is. Meng de suiker erdoor met een garde.
b) Blijf ongeveer 4 minuten kloppen tot de suiker is opgelost. Meng vervolgens het vanille-extract en de aardbeienpuree erdoor.
c) Giet de ingrediënten in uw ijsmachine en laat deze 25 minuten draaien.
d) Doe de gelato in een luchtdichte verpakking en plaats deze maximaal 2 uur in de vriezer, totdat de gewenste consistentie is bereikt.

28.Limoengelato met chiazaden

INGREDIËNTEN:
- Geraspte schil en sap van 4 limoenen
- ¾ kopje suiker
- kopjes half om half
- grote eierdooiers
- 1¼ kopjes zware room
- ⅔ kopje chiazaad

INSTRUCTIES:
a) In een keukenmachine pulseer je de limoenschil en suiker ongeveer 5 keer om de oliën uit de schil te halen. Doe de limoensuiker in een kom.
b) Vul een grote kom gedeeltelijk met ijs en water, plaats een middelgrote kom in het ijswater en plaats een fijnmazige zeef over de bovenkant.
c) Meng in een pan een half kopje limoensuiker en de helft en de helft. Breng op middelhoog vuur aan de kook, al roerend om de suiker op te lossen.
d) Voeg ondertussen de eierdooiers toe aan de resterende limoensuiker in de kom en klop om te combineren.
e) Schep geleidelijk ongeveer de helft van het hete half-en-half-mengsel in de dooiers, terwijl u voortdurend blijft kloppen, en klop dit mengsel vervolgens in de half-en-half in de pan.
f) Kook, onder voortdurend roeren, tot de custard dik genoeg is om de achterkant van de lepel te bedekken, ongeveer 5 minuten.
g) Giet de custard door de zeef in de voorbereide kom en roer tot het afgekoeld is.
h) Roer het limoensap, de room en de chiazaden erdoor. Haal de kom uit het ijsbad, dek af en zet in de koelkast tot de vla koud is, minimaal 2 uur of maximaal 4 uur.
i) Bevries en draai in een ijsmachine volgens de aanwijzingen van de fabrikant. Voor een zachte consistentie serveer je het ijs meteen; voor een stevigere consistentie, doe het in een bakje, dek het af en laat het 2 tot 3 uur uitharden in de vriezer.

29.Toblerone-gelato

INGREDIËNTEN:
- 24 ons volle melk
- 2,7 ons bruine suiker
- 3 eetlepels maizena
- 2 Eetlepels cacaopoeder
- 1 ½ Eetlepels honing
- ¾ theelepel koosjer zout
- 2 ons zachte roomkaas
- Drie repen van 3,5 ons donkere Toblerone, gehakt
- 1 Eetlepel vanille
- 1 ½ theelepel Amaretto
- 1 reep Toblerone, in kleine stukjes gesneden

INSTRUCTIES:
a) Klop in een pan met dikke bodem de melk, suiker, maizena, cacaopoeder, honing en zout door elkaar. Verhit op middelhoog tot middelhoog vuur, onder voortdurend roeren, tot het mengsel aan de kook komt.
b) Laat de basis 10-15 seconden koken en giet het vervolgens in een kom met de roomkaas en 3 repen gehakte Toblerone. Voeg de vanille en amaretto toe en laat een minuutje staan om de kaas en chocolade te laten smelten.
c) Klop de basis tot de chocolade en kaas zijn gesmolten. De basis bevat kleine stukjes amandel.
d) Giet de basis in je blender en mix tot een gladde massa.
e) Zeef de basis in een metalen kom in een grotere kom gevuld met ijswater.
f) Roer af en toe tot de temperatuur niet hoger is dan 40F.
g) Draai uw basis volgens de aanwijzingen van de fabrikant. Als het ijs een zachte consistentie heeft. Voeg de laatste reep fijngehakte chocolade toe en roer nog eens 2 minuten totdat het snoep gelijkmatig verdeeld is.
h) Verpakken in een container. Druk plasticfolie rechtstreeks op het oppervlak van het ijs en vries het gedurende 4-6 uur of een hele nacht in.

30. Chocolade Nutella Gelato

INGREDIËNTEN:
- ⅓ kopje slagroom
- 1 ⅓ kopjes 2% melk
- ½ kopje kristalsuiker
- 2 eetlepels Nutella
- 2-3 eetlepels mini-stukjes pure chocolade

INSTRUCTIES:

a) Voeg in een middelgrote tot grote kom de room, melk en suiker toe, klop op gemiddelde snelheid gedurende 20 seconden en giet het vervolgens in je gelato-maker.

b) Wanneer de gelato bijna klaar is, voeg je Nutella en chocoladestukjes toe en ga verder met de ijsmachine tot je de gewenste romigheid hebt bereikt.

31.Kersengelato

INGREDIËNTEN:
- 2 kopjes volle melk
- 5 eierdooiers
- 1 kopje suiker
- 1 kopje slagroom
- 1 theelepel vanille
- 2 theelepels geraspte sinaasappel
- 1 pond ontpitte kersen

INSTRUCTIES:
a) Klop de eierdooiers en de suiker in een middelgrote pan en verwarm tot de suiker is opgelost. Voeg de melk, de geraspte sinaasappel en de room toe en klop tot alles gemengd is.
b) Kook op middelhoog vuur en klop voortdurend gedurende 8 – 10 minuten tot het dik is.
c) Haal van het vuur.
d) Voeg de kersen toe en verwerk tot ze goed gemengd zijn in een keukenmachine. Roer de gemengde kersen en vanille erdoor. Giet door een fijne zeef in een plastic kom. Dek af en zet een nacht in de koelkast.
e) Doe het mengsel door een ijsmachine volgens de aanwijzingen van de fabrikant.
f) Vries in tot klaar om te serveren.

32. Blackberry-gelato

INGREDIËNTEN:
- 2 kopjes volle melk
- 4 eierdooiers
- 1 kopje suiker
- ½ kopje slagroom
- ½ theelepel zout
- 2 kopjes bramen

INSTRUCTIES:
a) Doe de bramen door een fijnmazige zeef die boven een mengkom is geplaatst. Gebruik de achterkant van een lepel om het vruchtvlees door de zeef te duwen om het sap en het vruchtvlees te verwijderen zonder de zaden te gebruiken. Opzij zetten.
b) Klop de eierdooiers en de suiker in een middelgrote pan en verwarm tot de suiker is opgelost. Voeg de melk, het zout en de room toe en klop tot alles gemengd is.
c) Kook op middelhoog vuur en klop voortdurend gedurende 8 – 10 minuten tot het dik is.
d) Haal van het vuur.
e) Roer het bramensap en de pulp erdoor. Giet door een fijne zeef in een plastic kom. Dek af en zet een nacht in de koelkast.
f) Doe het mengsel door een ijsmachine volgens de aanwijzingen van de fabrikant.
g) Vries in tot klaar om te serveren.

33.Frambozengelato

INGREDIËNTEN:
- 2 kopjes volle melk
- 4 eierdooiers
- 1 ¼ kopje suiker
- 1 kopje slagroom
- 1 theelepel zout
- 2 kopjes frambozen

INSTRUCTIES:
a) Doe de frambozen door een zeef (bij voorkeur gaas) die boven een mengkom is geplaatst. Giet vervolgens door een zeef om het sap te verwijderen door de achterkant van een lepel te nemen en deze naar beneden te drukken. Hierdoor blijft de pulp achter zonder gebruik te maken van de zaden. Opzij zetten.
b) Meng in een middelgrote pan alleen de eierdooiers en de suiker door ze te kloppen en laat de suiker oververhitten totdat deze goed is opgelost. Voeg de melk, het zout en de room toe en klop tot alles gemengd is.
c) Kook op middelhoog vuur en klop voortdurend gedurende 8 – 10 minuten tot het dik is.
d) Haal van het vuur.
e) Roer het frambozensap en de pulp erdoor. Giet door een fijne zeef in een plastic kom. Dek af en zet een nacht in de koelkast.
f) Doe het mengsel door een ijsmachine volgens de aanwijzingen van de fabrikant.
g) Vries in tot klaar om te serveren.

34.Bosbessengelato

INGREDIËNTEN:
- 2 kopjes volle melk
- 5 eierdooiers
- 1 kopje suiker
- ½ kopje slagroom
- 1 theelepel zout
- 2 kopjes bosbessen
- 1 ½ theelepel citroensap

INSTRUCTIES:
a) Klop de eierdooiers en de suiker in een middelgrote pan en verwarm tot de suiker is opgelost. Voeg de melk, het zout en de room toe en klop tot alles gemengd is.
b) Kook op middelhoog vuur en klop voortdurend gedurende 8 – 10 minuten tot het dik is.
c) Haal van het vuur.
d) Doe de bosbessen en het citroensap in de keukenmachine en verwerk tot alles gemengd is. Roer het bosbessen-citroenmengsel door de vloeistof. Giet door een fijne zeef in een plastic kom. Dek af en zet een nacht in de koelkast.
e) Doe het mengsel door een ijsmachine volgens de aanwijzingen van de fabrikant.
f) Vries in tot klaar om te serveren.

35.Mango-gelato

INGREDIËNTEN:
- 2 kopjes volle melk
- 4 eierdooiers
- 1 kopje suiker
- 1 kopje slagroom
- 1 theelepel zout
- 2 kopjes mangopuree
- 1 ½ eetlepel maizena

INSTRUCTIES:
a) Klop de eierdooiers en de suiker in een middelgrote pan en verwarm tot de suiker is opgelost. Voeg de melk, het zout en de room toe en klop tot alles gemengd is.
b) Kook op middelhoog vuur en klop voortdurend gedurende 8 – 10 minuten tot het dik is.
c) Haal van het vuur.
d) Doe de mango's en het maizena in de keukenmachine en verwerk tot alles gemengd is. Roer het mangomengsel door de vloeistof. Giet door een fijne zeef in een plastic kom. Dek af en zet een nacht in de koelkast.
e) Doe het mengsel door een ijsmachine volgens de aanwijzingen van de fabrikant.
f) Vries in tot klaar om te serveren.

36.Pindakaas-gelato

INGREDIËNTEN:
- 2 kopjes volle melk
- 5 eierdooiers
- ⅔ kopje suiker
- 1 ½ kopje slagroom
- 1 theelepel zout
- 1 theelepel vanille
- ⅔ kopje pindakaas

INSTRUCTIES:
a) Klop de eierdooiers en de suiker in een middelgrote pan en verwarm tot de suiker is opgelost. Voeg de melk, het zout en de room toe en klop tot alles gemengd is.
b) Kook op middelhoog vuur en klop voortdurend gedurende 8 – 10 minuten tot het dik is.
c) Haal van het vuur.
d) Roer de pindakaas en vanille door de vloeistof. Giet door een fijne zeef in een plastic kom. Dek af en zet een nacht in de koelkast.
e) Doe het mengsel door een ijsmachine volgens de aanwijzingen van de fabrikant.
f) Vries in tot klaar om te serveren.

37.Hazelnoot-gelato

INGREDIËNTEN:
- 2 kopjes volle melk
- 5 eierdooiers
- ⅓ kopje suiker
- 1 ½ kopje slagroom
- 1 theelepel zout
- 1 theelepel vanille
- 1 kopje geroosterde hazelnoten

INSTRUCTIES:
a) Klop de eierdooiers en de suiker in een middelgrote pan en verwarm tot de suiker is opgelost. Voeg de melk, het zout en de room toe en klop tot alles gemengd is.
b) Kook op middelhoog vuur en klop voortdurend gedurende 8 – 10 minuten tot het dik is.
c) Haal van het vuur.
d) Doe de geroosterde hazelnoten in een keukenmachine en pulseer. Roer de hazelnoot en vanille door de vloeistof. Giet door een fijne zeef in een plastic kom. Dek af en zet een nacht in de koelkast.
e) Doe het mengsel door een ijsmachine volgens de aanwijzingen van de fabrikant.
f) Vries in tot klaar om te serveren.

38.Gemengde bessengelato

INGREDIËNTEN:
- 2 kopjes volle melk
- 4 eierdooiers
- ½ kopje suiker
- 1 kopje slagroom
- 1 theelepel zout
- 1 theelepel vanille
- ½ kopje bosbessen
- ½ kopje frambozen

INSTRUCTIES:
a) Doe de frambozen door een zeef (bij voorkeur gaas) die boven een mengkom is geplaatst. Gebruik de achterkant van een lepel om het vruchtvlees door de zeef te duwen om het sap en het vruchtvlees te verwijderen zonder de zaden te gebruiken. Opzij zetten.
b) Klop de eierdooiers en de suiker in een middelgrote pan en verwarm tot de suiker is opgelost. Voeg de melk, het zout en de room toe en klop tot alles gemengd is.
c) Kook op middelhoog vuur en klop voortdurend gedurende 8 – 10 minuten tot het dik is.
d) Haal van het vuur.
e) Doe vanille, bosbessen en frambozensap en -pulp in een keukenmachine en pulseer tot alles gecombineerd is. Roer het bessen-vanillemengsel door de vloeistof. Giet door een fijne zeef in een plastic kom. Dek af en zet een nacht in de koelkast.
f) Doe het mengsel door een ijsmachine volgens de aanwijzingen van de fabrikant.
g) Vries in tot klaar om te serveren.

39. Kokos-gelato

INGREDIËNTEN:
- 5 eierdooiers
- 2 kopjes kokosmelk
- 1 kopje suiker
- 1 kopje slagroom
- 1 theelepel zout
- 1 theelepel vanille
- kokoswater van één verse kokosnoot
- ½ kopje geraspte, gezoete kokosnoot

INSTRUCTIES:

a) Klop de eierdooiers, het kokoswater van de verse kokosnoot en de suiker in een middelgrote pan en verwarm tot de suiker is opgelost. Voeg de kokosmelk, het zout en de room toe en klop tot alles gemengd is.

b) Kook op middelhoog vuur en klop voortdurend gedurende 8 – 10 minuten tot het dik is.

c) Haal van het vuur.

d) Roer het mengsel van kokosvlokken en vanille door de vloeistof. Giet door een fijne zeef in een plastic kom. Dek af en zet een nacht in de koelkast.

e) Doe het mengsel door een ijsmachine volgens de aanwijzingen van de fabrikant.

f) Vries in tot klaar om te serveren.

40.Pompoen-gelato

INGREDIËNTEN:
- 2 kopjes volle melk
- 4 eierdooiers
- 1 kopje suiker
- 1 kopje slagroom
- 1 theelepel zout
- 1 theelepel vanille
- 1 kopje pompoenpuree
- 1 theelepel kaneel
- ¼ kopje bruine suiker

INSTRUCTIES:
a) Klop de eierdooiers en de suiker in een middelgrote pan en verwarm tot de suiker is opgelost. Voeg de melk, het zout en de room toe en klop tot alles gemengd is.
b) Kook op middelhoog vuur en klop voortdurend gedurende 8 – 10 minuten tot het dik is.
c) Haal van het vuur.
d) Klop de bruine suiker, kaneel, pompoenpuree en vanille door elkaar en roer ze vervolgens door de vloeistof. Giet door een fijne zeef in een plastic kom. Dek af en zet een nacht in de koelkast.
e) Doe het mengsel door een ijsmachine volgens de aanwijzingen van de fabrikant.
f) Vries in tot klaar om te serveren.

41.Ananas En Kokosijs

INGREDIËNTEN:
- 2 kopjes kokosmelk
- 5 eierdooiers
- 1 kopje suiker
- 1 kopje slagroom
- 1 theelepel zout
- 1 theelepel vanille
- 1 – 20 ounce blikje gemalen ananas – niet laten uitlekken!
- ½ kopje geraspte en gezoete kokosnoot

INSTRUCTIES:
a) Klop de eierdooiers en de suiker in een middelgrote pan en verwarm tot de suiker is opgelost. Voeg de kokosmelk, het zout en de room toe en klop tot alles gemengd is.
b) Kook op middelhoog vuur en klop voortdurend gedurende 8 – 10 minuten tot het dik is.
c) Haal van het vuur.
d) Doe de gemalen ananas, het ananassap uit het blik, de vanille en de geraspte kokosnoot in een keukenmachine. Verwerk tot het gemengd is en roer het door de vloeistof. Giet door een fijne zeef in een plastic kom. Dek af en zet een nacht in de koelkast.
e) Doe het mengsel door een ijsmachine volgens de aanwijzingen van de fabrikant.
f) Vries in tot klaar om te serveren.

42.Limonade-gelato

INGREDIËNTEN:
- 2 kopjes melk
- 5 eierdooiers
- 1 kopje suiker
- 1 kopje slagroom
- 1 theelepel zout
- ¾ kopje citroensap
- 3 eetlepels citroenschil

INSTRUCTIES:
a) Klop de eierdooiers en de suiker in een middelgrote pan en verwarm tot de suiker is opgelost. Voeg de melk, het zout en de room toe en klop tot alles gemengd is.
b) Kook op middelhoog vuur en klop voortdurend gedurende 8 – 10 minuten tot het dik is.
c) Haal van het vuur.
d) Roer het citroensap en de citroenschil door de vloeistof. Giet door een fijne zeef in een plastic kom. Dek af en zet een nacht in de koelkast.
e) Doe het mengsel door een ijsmachine volgens de aanwijzingen van de fabrikant.
f) Vries in tot klaar om te serveren.

43. Avocado-gelato

INGREDIËNTEN:
- 2 kopjes melk
- 4 eierdooiers
- 1 kopje suiker
- 1 kopje slagroom
- 1 theelepel zout
- Rasp twee sinaasappels
- 2 geschilde en ontpitte avocado's
- 1 theelepel vanille-extract

INSTRUCTIES:
a) Klop de eierdooiers en de suiker in een middelgrote pan en verwarm tot de suiker is opgelost. Voeg de melk, het zout en de room toe en klop tot alles gemengd is.
b) Kook op middelhoog vuur en klop voortdurend gedurende 8 – 10 minuten tot het dik is.
c) Haal van het vuur.
d) Doe de avocado, sinaasappelschil en vanille door een keukenmachine. Verwerkt tot het gemengd is. Giet het vervolgens in de vloeistof.
e) Giet door een fijne zeef in een plastic kom. Dek af en zet een nacht in de koelkast.
f) Doe het mengsel door een ijsmachine volgens de aanwijzingen van de fabrikant.
g) Vries in tot klaar om te serveren.

44.Gelato van donkere chocolade

INGREDIËNTEN:
- 2 kopjes melk
- 4 eierdooiers
- 1 kopje slagroom
- 1 kopje suiker
- 1 theelepel zout
- 1 theelepel vanille
- ½ kopje ongezoet donker cacaopoeder
- 6 ons fijngehakte pure chocolade

INSTRUCTIES:
a) Klop de eierdooiers en de suiker in een middelgrote pan en verwarm tot de suiker is opgelost. Voeg de melk, het zout en de room toe en klop tot alles gemengd is.
b) Kook op middelhoog vuur. Voeg pure chocolade toe en roer tot de chocolade smelt. Ga door met koken en klop voortdurend gedurende 8 – 10 minuten tot het dikker wordt.
c) Haal van het vuur.
d) Roer het cacaopoeder en de vanille erdoor. Giet door een fijne zeef in een plastic kom. Dek af en zet een nacht in de koelkast.
e) Doe het mengsel door een ijsmachine volgens de aanwijzingen van de fabrikant.
f) Vries in tot klaar om te serveren.

45.Karamel-gelato

INGREDIËNTEN:
- 2 kopjes volle melk
- ¼ kopje eidooiers
- ¼ kopje witte kristalsuiker
- ¼ theelepel vanille-extract
- ½ kopje karamelsaus
- 1 kopje slagroom
- ⅛ theelepel zout

INSTRUCTIES:
a) Meng de volle melk en de slagroom in een kleine pan en breng op middelhoog vuur aan de kook. Zet het vuur meteen uit als het kookt en haal de pan van de hete kookplaat.
b) Voeg de karamelsaus toe aan het melkmengsel en klop om te combineren.
c) Terwijl je wacht tot het mengsel van room en melk kookt, klop je de eierdooiers en de suiker tot ze bleek en schuimig worden. Misschien wil je voor deze stap een elektrische mixer gebruiken, want je moet een tijdje kloppen!
d) Terwijl je de eierdooiers klopt, giet je langzaam het hete melkmengsel bij de dooiers, terwijl je voortdurend blijft kloppen en gieten, zodat je de eieren niet per ongeluk kookt met de hitte van de melk.
e) Voeg het melk- en eimengsel terug in de pan en zet het terug op het vuur. Kook op laag vuur tot het mengsel dik genoeg is om de achterkant van een lepel te bedekken. maar terwijl je dit doet, moet je ervoor zorgen dat je blijft roeren. Laat de melk niet koken en als je ziet dat er klontjes in het mengsel ontstaan, haal het mengsel dan van het vuur en giet het door een zeef.
f) Laat het gelato-mengsel minimaal 4 uur of een nacht indien mogelijk volledig afgedekt in de koelkast staan.
g) Zodra het gelato-mengsel is afgekoeld, giet je het in een ijsmachine en vries je het gelato in volgens de aanwijzingen van de ijsmachine. De gelato heeft de textuur van softijs als het in de ijsmachine wordt bereid. Schep het in dit stadium in een diepvriescontainer en zet het minimaal twee uur in de vriezer. Serveer lekker koud als je klaar bent om te genieten!

46. Hazelnoot-gelato

INGREDIËNTEN:
- 2 kopjes volle melk
- ¼ kopje eidooiers
- ½ kopje witte kristalsuiker
- ¼ theelepel vanille-extract
- 6 eetlepels hazelnootpasta
- 1 kopje zware room
- ⅛ theelepel zout

INSTRUCTIES:
a) Meng de volle melk en de slagroom in een kleine pan en breng op middelhoog vuur aan de kook. Zet het vuur meteen uit als het kookt en haal de pan van de hete kookplaat.
b) Voeg het vanille-extract en de hazelnootpasta toe en klop tot de pasta is opgelost.
c) Terwijl je wacht tot het mengsel van room en melk kookt, klop je de eierdooiers en de suiker tot ze bleek en schuimig worden. Misschien wil je voor deze stap een elektrische mixer gebruiken, want je moet een tijdje kloppen!
d) Terwijl je de eierdooiers klopt, giet je langzaam het hete melkmengsel bij de dooiers, terwijl je voortdurend blijft kloppen en gieten, zodat je de eieren niet per ongeluk kookt met de hitte van de melk.
e) Voeg het melk- en eimengsel terug in de pan en zet het terug op het vuur. Kook op laag vuur tot het mengsel dik genoeg is om de achterkant van een lepel te bedekken, maar zorg er ook voor dat je het mengsel voortdurend roert. Laat de melk niet koken en als je ziet dat er klontjes in het mengsel ontstaan, haal het mengsel dan van het vuur en giet het door een zeef.
f) Laat het gelato-mengsel minimaal 4 uur of een nacht indien mogelijk volledig afgedekt in de koelkast staan.
g) Zodra het gelato-mengsel is afgekoeld, giet je het in een ijsmachine en vries je het gelato in volgens de aanwijzingen van de ijsmachine. De gelato heeft de textuur van softijs als het in de ijsmachine wordt bereid. Schep het in dit stadium in een diepvriescontainer en zet het minimaal twee uur in de vriezer. Serveer lekker koud als je klaar bent om te genieten!

47.Nutella-gelato

INGREDIËNTEN:
- 2 kopjes volle melk
- ¼ kopje eidooiers
- ¼ kopje witte kristalsuiker
- ¼ theelepel vanille-extract
- ½ kopje Nutella
- 1 kopje zware room
- ⅛ theelepel zout

INSTRUCTIES:
a) Meng de volle melk en de slagroom in een kleine pan en breng op middelhoog vuur aan de kook. Zet het vuur meteen uit als het kookt en haal de pan van de hete kookplaat.
b) Voeg het vanille-extract en de Nutella toe en klop om de pasta op te lossen.
c) Terwijl je wacht tot het mengsel van room en melk kookt, klop je de eierdooiers en de suiker tot ze bleek en schuimig worden. Misschien wil je voor deze stap een elektrische mixer gebruiken, want je moet een tijdje kloppen!
d) Terwijl je de eierdooiers klopt, giet je langzaam het hete melkmengsel bij de dooiers, terwijl je voortdurend blijft kloppen en gieten, zodat je de eieren niet per ongeluk kookt met de hitte van de melk.
e) Voeg het melk- en eimengsel terug in de pan en zet het terug op het vuur. Kook op laag vuur tot het mengsel dik genoeg is om de achterkant van een lepel te bedekken, maar zorg ervoor dat je voortdurend roert. Laat de melk niet koken en als je ziet dat er klontjes in het mengsel ontstaan, haal het mengsel dan van het vuur en giet het door een zeef.
f) Laat het gelato-mengsel minimaal 4 uur of een nacht indien mogelijk volledig afgedekt in de koelkast staan.
g) Zodra het gelato-mengsel is afgekoeld, giet je het in een ijsmachine en vries je het gelato in volgens de aanwijzingen van de ijsmachine. De gelato heeft de textuur van softijs als het in de ijsmachine wordt bereid. Schep het in dit stadium in een diepvriescontainer en zet het minimaal twee uur in de vriezer. Serveer lekker koud als je klaar bent om te genieten!

48.Aardbeiengelato

INGREDIËNTEN:
- 2 kopjes volle melk
- ¼ kopje eidooiers
- ½ kopje witte kristalsuiker
- ¼ theelepel vanille-extract
- 1 kopje gehakte aardbeien
- 1 kopje zware room
- ⅛ theelepel zout

INSTRUCTIES:
a) Meng de volle melk en de slagroom in een kleine pan en breng op middelhoog vuur aan de kook. Zet het vuur meteen uit als het kookt en haal de pan van de hete kookplaat.
b) Voeg het vanille-extract en de gehakte aardbeien toe en roer.
c) Terwijl je wacht tot het mengsel van room en melk kookt, klop je de eierdooiers en de suiker tot ze bleek en schuimig worden. Misschien wil je voor deze stap een elektrische mixer gebruiken, want je moet een tijdje kloppen!
d) Terwijl je de eierdooiers klopt, giet je langzaam het hete melkmengsel bij de dooiers, terwijl je voortdurend blijft kloppen en gieten, zodat je de eieren niet per ongeluk kookt met de hitte van de melk.
e) Voeg het melk- en eimengsel terug in de pan en zet het terug op het vuur. Kook op laag vuur tot het mengsel dik genoeg is om de achterkant van een lepel te bedekken, maar zorg ervoor dat u voortdurend roert. Laat de melk niet koken en als je ziet dat er klontjes in het mengsel ontstaan, haal het mengsel dan van het vuur en giet het door een zeef.
f) Laat het gelato-mengsel minimaal 4 uur of een nacht indien mogelijk volledig afgedekt in de koelkast staan.
g) Zodra het gelato-mengsel is afgekoeld, giet je het in een ijsmachine en vries je het gelato in volgens de aanwijzingen van de ijsmachine. De gelato heeft de textuur van softijs als het in de ijsmachine wordt bereid. Schep het in dit stadium in een diepvriescontainer en zet het minimaal twee uur in de vriezer. Serveer lekker koud als je klaar bent om te genieten!

49.Chocoladeschilfer-gelato

INGREDIËNTEN:
- 2 kopjes volle melk
- ¼ kopje eidooiers
- ½ kopje witte kristalsuiker
- ¼ theelepel vanille-extract
- 1 kopje zware room
- ⅛ theelepel zout
- 1 kopje mini-chocoladestukjes

INSTRUCTIES:
a) Meng de volle melk en de slagroom in een kleine pan en breng op middelhoog vuur aan de kook. Zet het vuur meteen uit als het kookt en haal de pan van de hete kookplaat.
b) Voeg het vanille-extract toe.
c) Terwijl je wacht tot het mengsel van room en melk kookt, klop je de eierdooiers en de suiker tot ze bleek en schuimig worden. Misschien wil je voor deze stap een elektrische mixer gebruiken, want je moet een tijdje kloppen!
d) Terwijl je de eierdooiers klopt, giet je langzaam het hete melkmengsel bij de dooiers, terwijl je voortdurend blijft kloppen en gieten, zodat je de eieren niet per ongeluk kookt met de hitte van de melk.
e) Voeg het melk- en eimengsel terug in de pan en zet het terug op het vuur. Kook op laag vuur tot het mengsel dik genoeg is om de achterkant van een lepel te bedekken, en blijf roeren. Laat de melk niet koken en als je ziet dat er klontjes in het mengsel ontstaan, haal het mengsel dan van het vuur en giet het door een zeef.
f) Laat het gelato-mengsel minimaal 4 uur of een nacht indien mogelijk volledig afgedekt in de koelkast staan.
g) Zodra het gelato-mengsel is afgekoeld, giet je het in een ijsmachine en vries je het gelato in volgens de aanwijzingen van de ijsmachine. De gelato heeft de textuur van softijs als het in de ijsmachine wordt bereid.
h) Vouw de mini-chocoladestukjes erdoor en roer kort om de gelato niet te laten smelten.
i) Schep het in dit stadium in een diepvriescontainer en zet het minimaal twee uur in de vriezer. Serveer lekker koud als je klaar bent om te genieten!

50.Cannoli-gelato

INGREDIËNTEN:
- 2 kopjes volle melk
- ¼ kopje eidooiers
- ½ kopje witte kristalsuiker
- ¼ theelepel vanille-extract
- ½ kopje zware room
- ½ kopje ricotta
- ⅛ theelepel zout
- ½ kopje gemalen cannoli-schalen
- ½ kopje mini-chocoladestukjes

INSTRUCTIES:
a) Meng de volle melk en de slagroom in een kleine pan en breng op middelhoog vuur aan de kook. Zet het vuur meteen uit als het kookt en haal de pan van de hete kookplaat.
b) Voeg het vanille-extract toe.
c) Terwijl je wacht tot het mengsel van room en melk kookt, klop je de eierdooiers en de suiker tot ze bleek en schuimig worden. Misschien wil je voor deze stap een elektrische mixer gebruiken, want je moet een tijdje kloppen!
d) Terwijl je de eierdooiers klopt, giet je langzaam het hete melkmengsel bij de dooiers, terwijl je voortdurend blijft kloppen en gieten, zodat je de eieren niet per ongeluk kookt met de hitte van de melk.
e) Voeg het melk- en eiermengsel weer toe aan de pan en zet het terug op het vuur. Kook op laag vuur tot het mengsel dik genoeg is om de achterkant van een lepel te bedekken, en blijf roeren. Laat de melk niet koken en als je ziet dat er klontjes in het mengsel ontstaan, haal het mengsel dan van het vuur en giet het door een zeef.
f) Meng de ricotta erdoor tot alles goed gemengd is.
g) Laat het gelato-mengsel minimaal 4 uur of een nacht indien mogelijk volledig afgedekt in de koelkast staan.
h) Zodra het gelato-mengsel is afgekoeld, giet je het in een ijsmachine en vries je het gelato in volgens de aanwijzingen van de

ijsmachine. De gelato heeft de textuur van softijs als het in de ijsmachine wordt bereid.

i) Vouw de gemalen cannoli-schalen en mini-chocoladestukjes erdoor, schep ze in een diepvriescontainer en zet deze minimaal twee uur in de vriezer. Serveer lekker koud als je klaar bent om te genieten!

51.Zure Kersengelato

INGREDIËNTEN:
- 2 kopjes volle melk
- ¼ kopje eidooiers
- ½ kopje witte kristalsuiker
- ¼ theelepel vanille-extract
- 1 kopje zware room
- ⅛ theelepel zout
- 1 kopje gehakte zure kersen

INSTRUCTIES:
a) Meng de volle melk en de slagroom in een kleine pan en breng op middelhoog vuur aan de kook. Zet het vuur meteen uit als het kookt en haal de pan van de hete kookplaat.
b) Voeg het vanille-extract toe.
c) Terwijl je wacht tot het mengsel van room en melk kookt, klop je de eierdooiers en de suiker tot ze bleek en schuimig worden. Misschien wil je voor deze stap een elektrische mixer gebruiken, want je moet een tijdje kloppen!
d) Terwijl je de eierdooiers klopt, giet je langzaam het hete melkmengsel bij de dooiers, terwijl je voortdurend blijft kloppen en gieten, zodat je de eieren niet per ongeluk kookt met de hitte van de melk.
e) Voeg het melk- en eiermengsel weer toe aan de pan en zet het terug op het vuur. Kook op laag vuur tot het mengsel dik genoeg is om de achterkant van een lepel te bedekken, en blijf roeren. Laat de melk niet koken en als je ziet dat er klontjes in het mengsel ontstaan, haal het mengsel dan van het vuur en giet het door een zeef.
f) Laat het gelato-mengsel minimaal 4 uur of een nacht indien mogelijk volledig afgedekt in de koelkast staan.
g) Zodra het gelato-mengsel is afgekoeld, giet je het in een ijsmachine en vries je het gelato in volgens de aanwijzingen van de ijsmachine. De gelato heeft de textuur van softijs als het in de ijsmachine wordt bereid.
h) Spatel de zure kersen er kort onder, gewoon om ze te mengen, maar pas op dat het ijs niet smelt.
i) Schep het in een diepvriesbakje en zet het minimaal twee uur in de vriezer. Serveer lekker koud als je klaar bent om te genieten!

52.Pittige chocoladegelato

INGREDIËNTEN:
- 2 kopjes volle melk
- 1 chilipeper, gehalveerd, zaadjes verwijderd
- ¼ kopje eidooiers
- ¾ kopje witte kristalsuiker
- ¼ theelepel vanille-extract
- 1 kopje zware room
- 1 kop pure chocoladestukjes
- ⅛ theelepel zout

INSTRUCTIES:

a) Combineer de volle melk, de hele chilipeper en de slagroom in een kleine pan en breng op middelhoog vuur aan de kook. Zet het vuur meteen uit als het kookt en haal de pan van de hete kookplaat. Laat het mengsel 30 minuten staan, verwijder dan de chilipeper en gooi deze weg.

b) Voeg het vanille-extract toe en roer.

c) Terwijl je wacht tot het mengsel van room en melk kookt, klop je de eierdooiers en de suiker tot ze bleek en schuimig worden. Misschien wil je voor deze stap een elektrische mixer gebruiken, want je moet een tijdje kloppen!

d) Terwijl je de eidooiers klopt, giet je langzaam het hete melkmengsel bij de dooiers, terwijl je voortdurend blijft kloppen en gieten, zodat je de eieren niet per ongeluk kookt met de hitte van de melk.

e) Voeg het melk- en eimengsel terug in de pan en zet het terug op het vuur. Kook op laag vuur en roer voortdurend tot het mengsel dik genoeg is om de achterkant van een lepel te bedekken.

f) Giet het hete mengsel over de chocoladestukjes en klop tot de chocolade is gesmolten en vermengd met de gelatobasis.

g) Laat het gelato-mengsel minimaal 4 uur of een nacht indien mogelijk volledig afgedekt in de koelkast staan.

h) Zodra het gelato-mengsel is afgekoeld, giet je het in een ijsmachine en vries je het gelato in volgens de aanwijzingen van de ijsmachine. De gelato heeft de textuur van softijs als het in de ijsmachine wordt bereid. Schep het in dit stadium in een diepvriescontainer en zet het minimaal twee uur in de vriezer. Serveer lekker koud als je klaar bent om te genieten!

SUNDADES

53.Knickerbocker glorie

INGREDIËNTEN:
- verse aardbeien en kersen
- 2 bolletjes vanille-ijs
- 6 tot 8 eetlepels fruitgelei
- Aardbeien- of frambozensaus
- 2 bolletjes aardbeienijs
- 1/2 kop zware room, opgeklopt
- geroosterde gesneden amandelen

INSTRUCTIES:
a) Schik een beetje vers fruit op de bodem van twee gekoelde ijscoupesglaasjes. Voeg een bolletje vanille-ijs toe, daarna wat fruitgelei en wat fruitsaus.
b) Voeg vervolgens aardbeienijs toe en vervolgens meer fruitsaus. Nu afwerken met slagroom, vers fruit en noten, gevolgd door meer saus en een paar noten.
c) Zet het niet langer dan 30 minuten in de vriezer of eet het meteen op. Deze zijn niet om te bewaren, dus bereid ze indien nodig voor.
d) Het is een goed idee om een selectie van geschikte **ingrediënten te hebben** klaar voordat je begint, evenals goed gekoelde glazen.

54.Perzik Melba

INGREDIËNTEN:
- 4 grote rijpe perziken, geschild
- fijn geraspte schil en sap van 1 citroen
- 3 Eetlepels banketbakkerssuiker
- 8 bolletjes vanille-ijs

VOOR DE MELBA-SAUS
- 1 1/2 kopjes rijpe frambozen
- 2 eetlepels rode bessengelei
- 2 eetlepels superfijne suiker

INSTRUCTIES:

a) Snijd de perziken doormidden en verwijder de pit. Verpak de perzikhelften stevig in een ovenvaste schaal en bestrijk ze met citroensap. Bestrooi rijkelijk met banketbakkerssuiker. Zet het gerecht 5 tot 7 minuten onder een voorverwarmde grill, of tot het goudbruin en borrelend is. Laten afkoelen.

b) Verwarm voor de saus de frambozen met de gelei en de suiker en druk ze vervolgens door een zeef. Laten afkoelen.

c) Schik de perziken op een serveerschaal met 1 of 2 bolletjes ijs. Besprenkel met melbasaus en werk af met stukjes citroenschil.

55. Chocolade-noot-ijscoupe

INGREDIËNTEN:
- 1 schep rijk chocolade-ijs
- 1 bolletje boter-pecannotenijs
- 2 eetlepels chocolade saus
- 2 Eetlepels geroosterde gemengde noten
- chocoladevlokken, krullen of hagelslag

INSTRUCTIES:
a) Schik de twee bolletjes ijs in een gekoeld ijscoupegerecht.
b) Besprenkel met chocoladesaus en bestrooi vervolgens met noten en chocolade.

SORBET

56.Gemengde bessensorbet

INGREDIËNTEN:
- 3 kopjes gemengde bessen
- 1 kopje suiker
- 2 kopjes water
- Sap van 1 limoen
- ½ theelepel koosjer zout

INSTRUCTIES:

a) Meng in een kom alle bessen en de suiker. Laat de bessen 1 uur bij kamertemperatuur macereren totdat ze hun sap vrijgeven.

b) Doe de bessen en hun sap in een blender of keukenmachine en voeg het water, het limoensap en het zout toe. Pulseer tot alles goed gemengd is. Doe het in een container, dek af en zet in de koelkast tot het koud is, minimaal 2 uur, of maximaal een nacht.

c) Bevries en draai in een ijsmachine volgens de aanwijzingen van de fabrikant. Voor een zachte consistentie serveer je de sorbet meteen; voor een stevigere consistentie, doe het in een bakje, dek het af en laat het 2 tot 3 uur uitharden in de vriezer.

57.Aardbei En Kamille Sorbet

INGREDIËNTEN:
- ¾ kopje water
- ½ kopje honing
- 2 eetlepels Kamilletheeknoppen
- 15 grote aardbeien, bevroren
- ½ theelepel gemalen kardemom
- 2 theelepels Verse muntblaadjes

INSTRUCTIES:
a) Breng water aan de kook en voeg honing, kardemom en kamille toe.
b) Haal na 5 minuten van het vuur en laat afkoelen tot het erg koud is.
c) Doe de bevroren aardbeien in een keukenmachine en hak ze fijn.
d) Voeg de gekoelde siroop toe en mix tot een zeer gladde massa.
e) Schep uit en bewaar in een bakje in de vriezer. Serveer met muntblaadjes.

58.Aardbeien-, Ananas- En Sinaasappelsorbet

INGREDIËNTEN:
- 1¼ pond aardbeien, gepeld en in vieren gesneden
- 1 kopje suiker
- 1 kopje in blokjes gesneden ananas
- ½ kopje vers geperst sinaasappelsap
- Sap van 1 kleine limoen
- ½ theelepel koosjer zout

INSTRUCTIES:
a) Meng de aardbeien en de suiker in een kom.
b) Laat de bessen bij kamertemperatuur macereren totdat ze hun sap vrijgeven, ongeveer 30 minuten.
c) Meng de aardbeien en hun sap in een blender of keukenmachine met de ananas, het sinaasappelsap, het limoensap en het zout. Pureer tot een gladde massa.
d) Giet het mengsel in een kom (als u de voorkeur geeft aan een perfect gladde sorbet, giet het mengsel dan door een fijnmazige zeef die over de kom is geplaatst), dek af en zet in de koelkast tot het koud is, minimaal 2 uur of maximaal een nacht.
e) Bevries en draai in een ijsmachine volgens de aanwijzingen van de fabrikant.
f) Voor een zachte consistentie serveer je de sorbet meteen; voor een stevigere consistentie, doe het in een bakje, dek het af en laat het 2 tot 3 uur uitharden in de vriezer.

59.Banaan-Aardbeiensorbet

INGREDIËNTEN:
- 2 rijpe bananen
- 2 eetlepels citroensap
- 1½ kopjes bevroren (ongezoete) aardbeien.
- ½ kopje appelsap

INSTRUCTIES:
a) Snijd de bananen in plakjes van een halve centimeter, bestrijk ze met citroensap, leg ze op een bakplaat en vries ze in.
b) Nadat de bananen bevroren zijn, pureer je ze met de overige ingrediënten in het apparaat van jouw keuze.
c) Serveer onmiddellijk in gekoelde kopjes. Restjes bevriezen niet goed, maar vormen wel een lekkere smaakmaker voor zelfgemaakte yoghurt.

60.Frambozensorbet

INGREDIËNTEN:
- 4 ons kristalsuiker
- 1 pond verse frambozen, ontdooid indien bevroren
- 1 citroen

INSTRUCTIES:
a) Doe de suiker in een pan en voeg 150 ml water toe. Verwarm zachtjes, al roerend, tot de suiker is opgelost. Verhoog het vuur en kook ongeveer 5 minuten snel tot het mengsel er stroperig uitziet.
b) Haal van het vuur en laat afkoelen.
c) Doe ondertussen de frambozen in een keukenmachine of blender en pureer tot een gladde massa. Giet het mengsel door een niet-metalen zeef om de zaden te verwijderen.
d) Pers het sap uit de citroen.
e) Doe de siroop in een grote kan en roer de frambozenpuree en het citroensap erdoor.
f) Dek af en zet ongeveer 30 minuten in de koelkast, of tot het goed gekoeld is.
g) Doe het mengsel in de ijsmachine en vries het in volgens de instructies.

61.Tristar Aardbeiensorbet

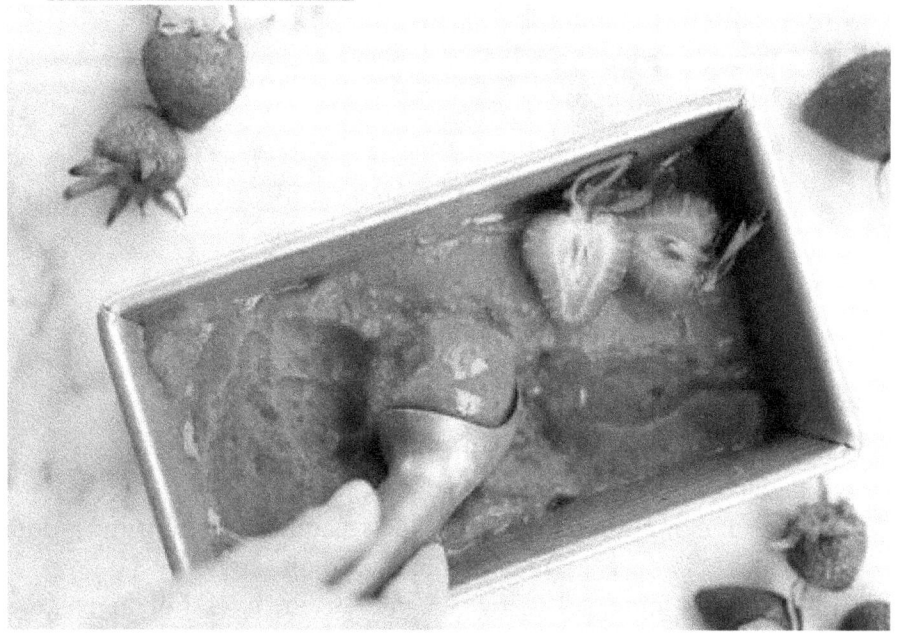

INGREDIËNTEN:
- 2 pinten Tristar aardbeien, gepeld
- 1 gelatineblad
- 2 eetlepels glucose
- 2 eetlepels suiker
- ⅛ theelepel koosjer zout
- ⅛ theelepel citroenzuur

INSTRUCTIES:
a) Pureer de aardbeien in een blender. Zeef de puree door een fijnmazige zeef in een kom om de pitten eruit te zeven.
b) Laat de gelatine bloeien.
c) Verwarm een klein beetje van de aardbeienpuree en klop de gelatine erdoor zodat deze oplost. Klop de resterende aardbeienpuree, de glucose, suiker, zout en citroenzuur erdoor tot alles volledig is opgelost en opgenomen.
d) Giet het mengsel in uw ijsmachine en vries het in volgens de aanwijzingen van de fabrikant. De sorbet kan het beste vlak voor het serveren of gebruiken worden gesponnen, maar kan in een luchtdichte verpakking in de vriezer maximaal 2 weken worden bewaard.

62.Sorbete de Jamaica

INGREDIËNTEN:
- 2½ kopjes gedroogde Jamaica-bladeren
- 1 kwart water
- ½ ounce verse gember, fijngehakt 1 kopje suiker
- 1 eetlepel vers geperst limoensap
- 2 eetlepels limoncello

INSTRUCTIES:
a) Maak de thee. Doe de Jamaicaanse bladeren in een pot of kom, breng het water aan de kook en giet het over de bladeren. Dek af en laat 15 minuten trekken. Zeef de thee en gooi de Jamaica-bladeren weg.
b) Maak de sorbetbasis. Doe de gember in een blender, voeg 1 kopje thee toe en mix tot het volledig gepureerd is, 1 à 2 minuten. Voeg nog een half kopje thee toe en meng opnieuw.
c) Giet de sorbetbasis in een pan, voeg de suiker toe en breng al roerend aan de kook om de suiker op te lossen. Haal de pan van het vuur zodra de sorbetbodem aan de kook komt. Roer het limoensap erdoor en laat afkoelen. Zet de basis in de koelkast tot deze een temperatuur van 60 ° F bereikt.
d) Vries de sorbet in. Voeg de limoncello toe aan de gekoelde bodem en giet het in een ijsmachine. Vries het in volgens de aanwijzingen van de fabrikant tot het bevroren maar nog steeds modderig is, 20-30 minuten.

63. Passievruchtsorbet

INGREDIËNTEN:

- 1 theelepel gepoederde gelatine
- 2 citroenen
- 9 ons kristalsuiker
- 8 passievruchten

INSTRUCTIES:

a) Meet 2 eetlepels water af in een kleine kom of kopje, strooi de gelatine erover en laat 5 minuten staan. Pers het sap uit de citroenen.

b) Doe de suiker in een pan en voeg 300 ml water toe. Verwarm zachtjes, al roerend, tot de suiker is opgelost. Verhoog het vuur en kook ongeveer 5 minuten snel tot het mengsel er stroperig uitziet.

c) Haal van het vuur, voeg het citroensap toe en roer de gelatine erdoor tot deze is opgelost.

d) Halveer de passievruchten en schep met een kleine lepel de zaden en het vruchtvlees in de siroop. Laat afkoelen.

e) Dek af en zet minstens 30 minuten in de koelkast, of tot het goed gekoeld is.

f) Giet de gekoelde siroop door een niet-metalen zeef om de zaadjes te verwijderen.

g) Doe het mengsel in de ijsmachine en vries het in volgens de instructies.

h) Overbrengen naar een geschikte container en invriezen tot gebruik.

64.Kiwi-sorbet

INGREDIËNTEN:
- 8 kiwivruchten
- 1⅓ kopjes eenvoudige siroop
- 4 theelepels vers citroensap

INSTRUCTIES:
a) Schil de Kiwi's. Pureer in een keukenmachine. Je zou ongeveer 2 kopjes puree moeten hebben.
b) Roer de eenvoudige siroop en het citroensap erdoor.
c) Giet het mengsel in de kom van de ijsmachine en vries in. Volg de handleiding van de fabrikant.

65. Kweepeersorbet

INGREDIËNTEN:
- 1½ pond rijpe kweeperen (ongeveer 4 kleine tot middelgrote)
- 6 kopjes water
- 1 (7,5 cm) stuk Mexicaanse kaneel
- ¾ kopje suiker
- Sap van ½ citroen
- Snufje koosjer zout

INSTRUCTIES:
a) Schil de kweeperen, snijd ze in vieren en verwijder het klokhuis.
b) Doe de stukken in een pan en voeg het water, de kaneel en de suiker toe.
c) Kook, onafgedekt, op middelhoog vuur, af en toe roerend, tot de kweepeer heel zacht is, ongeveer 30 minuten, en zorg ervoor dat het mengsel altijd aan de kook blijft en nooit kookt.
d) Haal van het vuur, dek af en laat 2 tot 3 uur afkoelen; de kleur zal gedurende deze tijd donkerder worden.
e) Verwijder de kaneel en gooi deze weg. Doe het kweeperenmengsel in een blender, voeg het citroensap en het zout toe en pureer tot een gladde massa.
f) Giet het mengsel door een fijnmazige zeef die boven een kom is geplaatst. Dek af en zet in de koelkast tot het koud is, minimaal 2 uur, of maximaal een nacht.
g) Bevries en draai in een ijsmachine volgens de aanwijzingen van de fabrikant.
h) Voor een zachte consistentie serveer je de sorbet meteen; voor een stevigere consistentie, doe het in een bakje, dek het af en laat het 2 tot 3 uur uitharden in de vriezer

66.Guavesorbet

INGREDIËNTEN:
- 1 gelatineblad
- 325 g guavenectar [1¼ kopjes]
- 100 g glucose [¼ kopje]
- 0,25 g limoensap [⅛ theelepel]
- 1 g koosjer zout [¼ theelepel]

INSTRUCTIES:
a) Laat de gelatine bloeien.
b) Verwarm een klein beetje van de guavenectar en klop de gelatine erdoor om op te lossen. Klop de resterende guavenectar, de glucose, het limoensap en het zout erdoor tot alles volledig is opgelost en opgenomen.
c) Giet het mengsel in uw ijsmachine en vries het in volgens de aanwijzingen van de fabrikant. De sorbet kan het beste vlak voor het serveren of gebruiken worden gesponnen, maar kan in een luchtdichte verpakking in de vriezer maximaal 2 weken worden bewaard.

67.Granaatappel Gembersorbet

INGREDIËNTEN:
- 1 kopje kristalsuiker
- ½ kopje water
- 1 eetlepel grof gehakte verse gember
- 2 kopjes 100% granaatappelsap
- ¼ kopje St. Germain likeur optioneel

GARNERING:
- verse granaatappelpitjes optioneel

INSTRUCTIES:

a) Meng de suiker, het water en de gember in een kleine pan. Breng aan de kook, zet het vuur lager en laat sudderen, af en toe kloppend tot de suiker volledig is opgelost. Doe het in een bakje, dek af en laat volledig afkoelen in de koelkast. Dit duurt minimaal 20 tot 30 minuten, of langer.

b) Zodra de eenvoudige siroop is afgekoeld, zeef je de siroop door een fijnmazige zeef die boven een grote mengkom is geplaatst. Gooi de stukjes gember weg. Voeg het granaatappelsap en de St. Germain likeur toe aan de kom met de siroop. Goed door elkaar kloppen.

c) Draai het mengsel in een ijsmachine volgens de instructies van de fabrikant. De sorbet is klaar als deze lijkt op de textuur van een dikke slushy.

d) Breng de sorbet over naar een luchtdichte verpakking, bedek het oppervlak met plasticfolie en vries nog eens 4 tot 6 uur in, of idealiter een hele nacht. Serveer en garneer met verse granaatappelpitjes.

68.Cranberry Appelsorbet

INGREDIËNTEN:
- 2 Golden Delicious-appels,
- Geschild,
- Geboord en grof gesneden
- 2 kopjes cranberrysap

INSTRUCTIES:
e) Meng appels en sap in een middelgrote pan. Verhit tot het kookt.
f) Zet het vuur laag om te laten sudderen, dek af en kook gedurende 20 minuten of tot de appels heel zacht zijn.
g) Ontdek en zet opzij om af te koelen tot kamertemperatuur.
h) Pureer de appel en het sap in een keukenmachine of blender tot een gladde massa.
i) Giet het mengsel in de ijsmachine en verwerk het tot een sorbet volgens de aanwijzingen van de fabrikant. (ga naar 9.) OF 6. Als u geen ijsmachine gebruikt, giet u de puree in een vierkante pan van 23 cm. Dek af en vries in tot het gedeeltelijk bevroren is - ongeveer 2 uur.
j) Zet ondertussen een grote kom en de kloppers van een elektrische mixer koel.
k) Doe de puree in een gekoelde kom en klop op lage snelheid tot de stukjes gebroken zijn en klop vervolgens op hoge snelheid tot een gladde en luchtige massa - ongeveer 1 minuut.
l) Verpak de sorbet in een diepvriescontainer en vries enkele uren in voordat u deze serveert.

69.Watermeloensorbet

INGREDIËNTEN:

- 1 ½ pond watermeloen, gewogen zonder zaden of schil
- 1 ¼ kopjes kristalsuiker
- 2 kaneelstokjes
- 2 eetlepels korianderzaad, gemalen
- 3 eetlepels citroensap

INSTRUCTIES:

a) Het vruchtvlees van de watermeloen vermalen tot een puree.
b) Los de suiker op in 2 kopjes water in een pan met dikke bodem. Voeg kaneelstokjes en korianderzaad toe en kook gedurende 5 minuten. Dek af en laat trekken tot het koud is.
c) Zeef de siroop door de watermeloenpuree en roer het citroensap erdoor. Giet het mengsel in een bakje. Dek af en vries in tot het stevig is, klop 3 keer met tussenpozen van 45 minuten.
d) Zet de sorbet ongeveer 30 minuten voor het serveren in de koelkast.

70.Cactus Paddle Sorbet Met Ananas En Limoen

INGREDIËNTEN:
- ¾ pond cactuspeddels (nopales), schoongemaakt
- 1½ kopjes grof zeezout
- ¼ kopje vers geperst limoensap
- 1½ kopjes in blokjes gesneden ananas (ongeveer ½ ananas)
- 1 kopje suiker
- ¾ kopje water
- 2 eetlepels honing

INSTRUCTIES:
a) Snijd de schoongemaakte cactuspeddels in vierkanten van ongeveer 1 inch. Meng de cactus met het zout in een kom.
b) Zet 1 uur opzij bij kamertemperatuur; het zout haalt het natuurlijke slijm uit de cactus.
c) Breng de cactus over naar een vergiet en spoel af onder koud stromend water om al het zout en slijm te verwijderen. Goed laten uitlekken.
d) Pureer de cactus, het limoensap, de ananas, de suiker, het water en de honing in een blender tot een gladde massa.
e) Giet het mengsel in een kom, dek af en zet in de koelkast tot het koud is, minimaal 2 uur of maximaal 5 uur.
f) Bevries en draai in een ijsmachine volgens de aanwijzingen van de fabrikant.
g) Voor een zachte consistentie serveer je de sorbet meteen; voor een stevigere consistentie, doe het in een bakje, dek het af en laat het 2 tot 3 uur uitharden in de vriezer.

71.Avocado-passievruchtsorbet

INGREDIËNTEN:
- 2 kopjes verse of ontdooide bevroren passievruchtpuree
- ¾ kopje plus 2 eetlepels suiker
- 2 kleine rijpe avocado's
- ½ theelepel koosjer zout
- 1 eetlepel vers geperst limoensap

INSTRUCTIES:
a) Meng de passievruchtpuree en de suiker in een kleine pan.
b) Kook op middelhoog vuur, al roerend, tot de suiker oplost.
c) Haal van het vuur en laat afkoelen tot kamertemperatuur.
d) Snijd de avocado's in de lengte doormidden. Verwijder de pitten en schep het vruchtvlees in een blender of keukenmachine.
e) Voeg het afgekoelde passievruchtenmengsel en het zout toe en meng tot een gladde massa. Schraap indien nodig langs de zijkanten van de blenderkan of kom.
f) Voeg het limoensap toe en verwerk tot het gemengd is. Giet het mengsel in een kom, dek af en zet in de koelkast tot het koud is, ongeveer 2 uur.
g) Bevries en draai in een ijsmachine volgens de aanwijzingen van de fabrikant.
h) Voor een zachte consistentie serveer je de sorbet meteen; voor een stevigere consistentie, doe het in een bakje, dek het af en laat het 2 tot 3 uur uitharden in de vriezer.

72. Zuurzaksorbet

INGREDIËNTEN:
- 3 kopjes verse zuurzakpulp (van 1 grote of 2 kleine vruchten)
- 1 kopje suiker
- ⅔ kopje water
- 1 eetlepel vers geperst limoensap
- Snufje koosjer zout

INSTRUCTIES:
a) Snijd de zuurzak met een groot mes in de lengte doormidden. Schep met een lepel het vruchtvlees en de zaden eruit in een maatbeker; je hebt in totaal 3 kopjes nodig. Gooi de huid weg.
b) Meng de zuurzak en de suiker in een kom en meng met een houten lepel, waarbij het fruit zoveel mogelijk wordt gebroken. Roer het water, het limoensap en het zout erdoor.
c) Dek af en zet in de koelkast tot het koud is, minimaal 2 uur, of maximaal een nacht.
d) Bevries en draai in een ijsmachine volgens de aanwijzingen van de fabrikant.

73. Voor een frisse ananassorbet

INGREDIËNTEN:
- 1 kleine rijpe Hawaiiaanse ananas
- 1 kopje eenvoudige siroop
- 2 eetlepels vers citroensap

INSTRUCTIES:
a) Schil de ananas, verwijder het klokhuis en snijd in blokjes.
b) Doe de blokjes in een keukenmachine en verwerk tot ze zeer glad en schuimig zijn.
c) Roer de eenvoudige siroop en het citroensap erdoor.
d) Proef en voeg indien nodig meer siroop of sap toe.
e) Giet het mengsel in de kom van de ijsmachine en vries in.
f) Volg de handleiding van de fabrikant.

74.Witte perziksorbet

INGREDIËNTEN:
- 5 rijpe witte perziken
- 1 gelatineblad
- ¼ kopje glucose
- ½ theelepel koosjer zout
- ⅛ theelepel citroenzuur

INSTRUCTIES:
a) Snijd de perziken doormidden en ontpit ze. Doe ze in een blender en pureer tot een gladde en homogene massa, 1 tot 3 minuten.
b) Giet de puree door een fijnmazige zeef in een middelgrote kom.
c) Gebruik een pollepel of lepel om de droesem van de puree aan te drukken om zoveel mogelijk sap eruit te halen; je hoeft slechts een paar lepels vaste stoffen weg te gooien.
d) Laat de gelatine bloeien.
e) Verwarm een klein beetje van de perzikpuree en klop de gelatine erdoor om op te lossen. Klop de resterende perzikpuree, de glucose, het zout en het citroenzuur erdoor tot alles volledig is opgelost en opgenomen.
f) Giet het mengsel in uw ijsmachine en vries het in volgens de aanwijzingen van de fabrikant.
g) De sorbet kan het beste vlak voor het serveren of gebruiken worden gesponnen, maar kan in een luchtdichte verpakking in de vriezer maximaal 2 weken worden bewaard.

75.Perensorbet

INGREDIËNTEN:
- 1 gelatineblad
- 2⅓ kopjes perenpuree
- 2 eetlepels glucose
- 1 eetlepel vlierbloesemsiroop
- ⅛ theelepel koosjer zout
- ⅛ theelepel citroenzuur

INSTRUCTIES:
a) Laat de gelatine bloeien.
b) Verwarm een klein beetje van de perenpuree en klop de gelatine erdoor zodat deze oplost. Klop de resterende perenpuree, de glucose, het vlierbloesemsiroop, het zout en het citroenzuur erdoor tot alles volledig is opgelost en opgenomen.
c) Giet het mengsel in uw ijsmachine en vries het in volgens de aanwijzingen van de fabrikant. De sorbet kan het beste vlak voor het serveren of gebruiken worden gesponnen, maar kan in een luchtdichte verpakking in de vriezer maximaal 2 weken worden bewaard.

76.Concord-druivensorbet

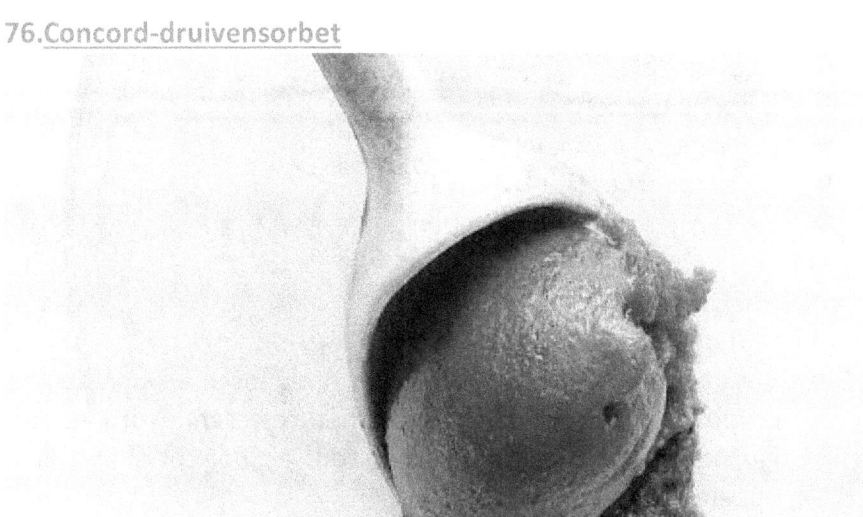

INGREDIËNTEN:
- 1 gelatineblad
- ½ portie Concord-druivensap
- 200 g glucose [½ kopje]
- 2 g citroenzuur [½ theelepel]
- 1 g koosjer zout [¼ theelepel]

INSTRUCTIES:
a) Laat de gelatine bloeien.
b) Verwarm een klein beetje van het druivensap en klop de gelatine erdoor om op te lossen. Klop het resterende druivensap, de glucose, het citroenzuur en het zout erdoor tot alles volledig is opgelost en opgenomen.
c) Giet het mengsel in uw ijsmachine en vries het in volgens de aanwijzingen van de fabrikant. De sorbet kan het beste vlak voor het serveren of gebruiken worden gesponnen, maar kan in een luchtdichte verpakking in de vriezer maximaal 2 weken worden bewaard.

77.Deviled Mango-sorbet

INGREDIËNTEN:
- ⅓ kopje water
- 1 kopje suiker
- 2 piquín chilipepers
- 5¾ kopjes pond rijpe mango's, geschild, ontpit en in blokjes gesneden
- Sap van 1 limoen
- ¾ theelepel koosjer zout
- 1 theelepel gemalen piquín chili of cayennepeper

INSTRUCTIES:
a) Meng het water en de suiker in een kleine pan. Breng op middelhoog vuur aan de kook, al roerend om de suiker op te lossen. Haal van het vuur, roer de hele chilipepers erdoor en laat 1 uur afkoelen.

b) Verwijder de chilipepers uit de suikersiroop en gooi ze weg. Meng in een blender de suikersiroop en de in blokjes gesneden mango's en pureer tot een gladde massa. Voeg het limoensap, het zout en de gemalen chili toe en meng om te combineren.

c) Proef de puree en meng er desgewenst extra gemalen chili doorheen. Houd er rekening mee dat de sorbet, eenmaal bevroren, iets minder pittig zal smaken.

d) Giet het mengsel door een fijnmazige zeef die boven een kom is geplaatst. Dek af en zet in de koelkast tot het koud is, minimaal 4 uur, of maximaal een nacht.

e) Bevries en draai in een ijsmachine volgens de aanwijzingen van de fabrikant.

f) Voor een zachte consistentie serveer je de sorbet meteen; voor een stevigere consistentie, doe het in een bakje, dek het af en laat het 2 tot 3 uur uitharden in de vriezer.

BEVROREN YOGHURT

78. Verse gember bevroren yoghurt

INGREDIËNTEN:
BEVROREN YOGHURTBASIS
- 1 liter magere yoghurt
- 1½ kopje volle melk
- 2 eetlepels maizena
- 2 ons (4 eetlepels) roomkaas, verzacht
- ½ theelepel bietenpoeder (voor kleur; zie bronnen ; optioneel)
- ⅛ theelepel kurkuma (voor de kleur; optioneel)
- ½ kopje zware room
- ⅔ kopje suiker
- ¼ kopje lichte glucosestroop

GEMBERSTROOP
- ½ kopje vers citroensap (van 2 tot 3 citroenen)
- 3 eetlepels suiker
- 2 ons verse gember (een stuk van ongeveer 10 cm lang), geschild en in munten van ⅛ inch gesneden
- ½ theelepel gemberpoeder

INSTRUCTIES:
VOOR DE GEZEFDE YOGHURT
a) Zet een zeef boven een kom en bekleed deze met twee lagen kaasdoek. Giet de yoghurt in de zeef, dek af met plasticfolie en laat 6 tot 8 uur in de koelkast staan om uit te lekken. Gooi de vloeistof weg en meet 1¼ kopje gezeefde yoghurt af; opzij zetten.

VOOR DE GEMBERSTROOP
b) Meng het citroensap met de suiker in een kleine pan en breng op middelhoog vuur al roerend aan de kook om de suiker op te lossen. Haal van het vuur, voeg de gesneden gember en de gemberpoeder toe en laat afkoelen. Zeef de gesneden gember eruit en zet de siroop opzij.

VOOR DE BEVROREN YOGHURTBASIS
c) Meng ongeveer 2 eetlepels melk met het maizena in een kleine kom tot een gladde pap.
d) Klop de roomkaas, het bietenpoeder en de kurkuma (indien gebruikt) in een middelgrote kom tot een gladde massa.
e) Vul een grote kom met ijs en water.

f) Koken Combineer de resterende melk, de room, suiker en glucosestroop in een pan van 4 liter, breng aan de kook op middelhoog vuur en kook gedurende 4 minuten. Haal van het vuur en klop geleidelijk de maïzena-brij erdoor. Breng het mengsel op middelhoog vuur weer aan de kook en kook, al roerend met een hittebestendige spatel, tot het iets dikker is, ongeveer 1 minuut. Haal van het vuur.

g) Chill. Klop het hete melkmengsel geleidelijk door de roomkaas tot een gladde massa. Voeg de 1¼ kopjes yoghurt en de gembersiroop toe. Giet het mengsel in een Ziplock - diepvrieszak van 1 gallon en dompel de afgesloten zak onder in het ijsbad. Laat staan, voeg indien nodig meer ijs toe, tot het koud is, ongeveer 30 minuten.

h) Invriezen Haal het bevroren bakje uit de vriezer, zet uw ijsmachine in elkaar en zet hem aan. Giet de bevroren yoghurtbasis in het bevroren blikje en draai tot het dik en romig is.

i) Verpak de bevroren yoghurt in een opslagcontainer. Druk een vel perkament direct tegen het oppervlak en sluit het af met een luchtdicht deksel. Bevries in het koudste deel van uw vriezer tot het stevig is, minimaal 4 uur.

79.Verse perzik bevroren yoghurt

INGREDIËNTEN:
BEVROREN YOGHURTBASIS
- 1 liter magere yoghurt
- ⅔ kopje karnemelk (of extra volle melk)
- 1 kopje volle melk
- 2 eetlepels maizena
- 2 ons (4 eetlepels) roomkaas, verzacht
- ¼ theelepel fijn zeezout
- ½ kopje zware room
- ⅔ kopje suiker
- ¼ kopje lichte glucosestroop

PERZIK PUREE
- 2 tot 3 rijpe gouden perziken, geschild, ontpit en in grove stukken gesneden
- ⅓ kopje suiker
- ¼ kopje vers citroensap (van ongeveer 2 citroenen)

INSTRUCTIES:
VOOR DE GEZEFDE YOGHURT
c) Zet een zeef boven een kom en bekleed deze met twee lagen kaasdoek. Giet de yoghurt in de zeef, dek af met plasticfolie en laat 6 tot 8 uur in de koelkast staan om uit te lekken. Gooi de vloeistof weg en meet 1¼ kopje gezeefde yoghurt af. Voeg de karnemelk toe en zet opzij.

VOOR DE BEVROREN YOGHURT
d) Meng ongeveer 2 eetlepels melk met het maizena in een kleine kom tot een gladde pap.
e) Klop de roomkaas en het zout in een middelgrote kom tot een gladde massa.
f) Vul een grote kom met ijs en water.

VOOR DE PERZIKPUREE
g) Pureer de perziken in een keukenmachine. Doe ⅔ kopje puree in een kleine kom. Reserveer de rest voor een ander gebruik.
h) Combineer de suiker en het citroensap in een middelgrote pan en breng op middelhoog vuur aan de kook, roer tot de suiker is opgelost. Voeg toe aan de perzikpuree en laat afkoelen.

i) Koken Combineer de resterende melk, de room, suiker en glucosestroop in een pan van 4 liter, breng aan de kook op middelhoog vuur en kook gedurende 4 minuten. Haal van het vuur en klop geleidelijk de maïzena-brij erdoor. Breng het mengsel op middelhoog vuur weer aan de kook en kook, al roerend met een hittebestendige spatel, tot het iets dikker is, ongeveer 1 minuut. Haal van het vuur.
j) Chill. Klop het hete melkmengsel geleidelijk door de roomkaas tot een gladde massa. Voeg de gereserveerde 1¼ kopjes yoghurt en de perzikpuree toe. Giet het mengsel in een Ziplock - diepvrieszak van 1 gallon en dompel de afgesloten zak onder in het ijsbad. Laat staan, voeg indien nodig meer ijs toe, tot het koud is, ongeveer 30 minuten.
k) Invriezen Haal het bevroren bakje uit de vriezer, zet uw ijsmachine in elkaar en zet hem aan. Giet de bevroren yoghurtbasis in het bevroren blikje en draai tot het dik en romig is.
l) Verpak de bevroren yoghurt in een opslagcontainer. Druk een vel perkament direct tegen het oppervlak en sluit het af met een luchtdicht deksel. Bevries in het koudste deel van uw vriezer tot het stevig is, minimaal 4 uur.

80. IJslandse cake Frozen Yogurt

INGREDIËNTEN:
- 1½ kopje volle melk
- 2 eetlepels maizena
- 1¼ kopjes skyr
- 2 ons (4 eetlepels) roomkaas, verzacht
- ½ kopje zware room
- ⅔ kopje suiker
- ¼ kopje lichte glucosestroop
- ½ kopje verkruimelde Lady Cake , bevroren
- ½ kopje Streusel , gemaakt met haver en nog eens 20 minuten gebakken
- ⅔ kopje gestoofde rabarbersaus

INSTRUCTIES:

a) Meng ongeveer 2 eetlepels melk met het maizena in een kleine kom tot een gladde pap.
b) Klop de skyr en roomkaas in een middelgrote kom tot een gladde massa.
c) Vul een grote kom met ijs en water.
d) Koken Combineer de resterende melk, de room, suiker en glucosestroop in een pan van 4 liter, breng aan de kook op middelhoog vuur en kook gedurende 4 minuten.
e) Haal van het vuur en klop geleidelijk de maïzena-brij erdoor. Breng het mengsel op middelhoog vuur weer aan de kook en kook, al roerend met een hittebestendige spatel, tot het iets dikker is, ongeveer 1 minuut. Haal van het vuur.
f) Chill. Klop het hete melkmengsel geleidelijk door de roomkaas tot een gladde massa. Giet het mengsel in een Ziplock - diepvrieszak van 1 gallon en dompel de afgesloten zak onder in het ijsbad. Laat staan, voeg indien nodig meer ijs toe, tot het koud is, ongeveer 30 minuten.
g) Invriezen Haal het bevroren bakje uit de vriezer, zet uw ijsmachine in elkaar en zet hem aan. Giet de yoghurtbasis in het blikje en draai tot het dik en romig is.
h) Werk snel en verpak de bevroren yoghurt in een opslagcontainer, waarbij u lagen bevroren yoghurt, cake, streusel en rabarbersaus afwisselt.
i) Druk een vel perkament direct tegen het oppervlak en sluit het af met een luchtdicht deksel.
j) Bevries in het koudste deel van uw vriezer tot het stevig is, minimaal 4 uur.

81.Bevroren Yoghurt Met Rozemarijn En Gekonfijt Fruit

INGREDIËNTEN:
- 1 theelepel. verse rozemarijnblaadjes
- 1/2 kopje banketbakkerssuiker
- 1/2 kopje gekonfijte sinaasappel- en citroenschil
- 2 kopjes soja- of zuivelvrije yoghurt
- 2 eetlepels. gekonfijte viooltjes

INSTRUCTIES:

a) Snijd de rozemarijnblaadjes fijn en meng met de suiker van de banketbakker. Laat minimaal een uur staan, en bij voorkeur een nacht.

b) Snijd de gekonfijte schil fijn (ook al is deze al gehakt). Meng de yoghurt met de gekonfijte schil en de gekonfijte viooltjes in een grote kom. Zeef de suiker van de banketbakker boven de kom en roer het erdoor. Verdeel het mengsel over 8 schaaltjes of kleine vormpjes. Zet in de vriezer en laat 2-3 uur staan.

c) Zet de vormpjes kort voor het serveren kort in kokend water en stort de bevroren yoghurt vervolgens op borden. Serveer desgewenst gegarneerd met takjes rozemarijn en plakjes vers fruit.

82. Bevroren chocoladeverrassing

INGREDIËNTEN:
- 1 kopje anko- of adzukibonen, een nacht geweekt (of 14 oz. blikje azukibonen)
- 2 kopjes donkerbruine suiker
- 2 kopjes water
- 4 eetl. johannesbrood poeder
- 2 kopjes rijstmelk
- 1 kopje rijst- of sojayoghurt
- gesneden vers fruit, om te serveren

INSTRUCTIES:
a) Giet de geweekte bonen af en doe ze in een grote pan met water. Breng aan de kook en laat 1 uur sudderen, of tot ze zacht beginnen te worden. Giet af en doe terug in de pan met de bruine suiker en 2 kopjes water. Kook, onafgedekt, op matig vuur tot het echt gaar is en een groot deel van de vloeistof is ingekookt. Koel.

b) Meng de bonen in een keukenmachine met voldoende kookvocht tot een zachte puree. Meng vervolgens het johannesbroodpoeder, de rijstmelk en de yoghurt erdoor.

c) Blend tot het echt glad is. Breng het over naar een ijsmachine en draai het volgens de instructies van de fabrikant, of breng het over naar een diepvriescontainer en volg de instructies voor het handmatig mengen . Als u een ijsmachine gebruikt, stop dan met karnen als het ijs bijna stevig is, doe het in een diepvriesbakje en laat het 15 minuten in de vriezer staan voordat u het serveert, of totdat u het nodig hebt.

d) Wanneer u klaar bent om te serveren, haalt u het uit de vriezer en laat u het 15 minuten staan om zacht te worden. Serveer met gesneden vers fruit.

83.Bramen Frozen Yoghurt

INGREDIËNTEN:

- 2 kopjes verse of bevroren ongezoete bramen of 1 (16 1/2 ounce) bramen, uitgelekt
- 1/3 tot 1/2 kopje kristalsuiker
- 1 theelepel ongearomatiseerde gelatine
- 1/2 kopje magere melk
- 1/4 kopje water
- 1 (8 ounce) kartonnen magere yoghurt
- 1 eetlepel fijn geraspte sinaasappelschil
- 1/4 kopje sinaasappelsap

INSTRUCTIES:

a) Ontdooi de bessen, indien bevroren. Meng ondertussen suiker en gelatine in een middelgrote pan; roer de melk en het water erdoor. Verwarm totdat de gelatine oplost. Zet opzij om af te koelen.

b) Verwerk de bessen in een keukenmachinekom tot ze glad zijn. Druk door zeef; gooi zaden weg. Roer de bessenpuree, yoghurt, sinaasappelschil en sinaasappelsap door het gelatinemengsel.

c) Verander in een elektrische ijsvriezer van 2 liter. Vries in volgens de aanwijzingen van de fabrikant. (Of giet het in een pan van 9 x 5 x 3 inch.

d) Omslag; bevriezen ongeveer 6 uur. Breek in stukjes. Doe over in een gekoelde kom.

e) Klop met een elektrische mixer tot een gladde massa, maar niet gesmolten. Keer terug naar de koude broodvorm. Omslag; bevriezen ongeveer 8 uur.)

84.Johannesbrood-Honing Frozen Yogurt

INGREDIËNTEN:
- 3 kopjes yoghurt zonder smaak
- ½ kopje honing
- ¾ kopje johannesbroodpoeder

INSTRUCTIES:
a) Meng de yoghurt, honing en johannesbroodpoeder in een kom tot een gladde massa.
b) Giet het mengsel in de kom van de ijsmachine en vries in. Volg de handleiding van de fabrikant.

85.Gember En Rabarber Yoghurt Ijs

INGREDIËNTEN:

- 450 g rabarberyoghurt, gekoeld
- 142 ml doos slagroom, gekoeld
- 4 el siroop uit een potje stemgember
- 3 stuks stengelgember, uitgelekt

INSTRUCTIES:

a) Doe de yoghurt in een kan en voeg de room en de gembersiroop toe.
b) Snijd de stengelgember in zeer kleine stukjes en doe deze in de kan.
c) Roer met een garde tot het goed gemengd is.
d) Dek af en laat 20-30 minuten afkoelen.
e) Doe het mengsel in de ijsmachine en vries het in volgens de instructies.
f) Overbrengen naar een geschikte container en invriezen tot gebruik.

86.Honing Frozen Yoghurt

INGREDIËNTEN:
- 4 kopjes yoghurt zonder smaak
- 1 kopje honing

INSTRUCTIES:
a) Giet het mengsel in de kom van de ijsmachine en vries in.
b) Volg de handleiding van de fabrikant.

AFFOGATO

87.Chocolade Hazelnoot Affogato

INGREDIËNTEN:
- 1 bolletje chocoladegelato of ijs
- 1 shot espresso
- 1 eetlepel hazelnootpasta.

INSTRUCTIES:
a) Doe een bolletje chocoladegelato of ijs in een serveerglas.
b) Schep de hazelnootpasta over de gelato. Giet een shot hete espresso over de gelato.
c) Roer voorzichtig om de smaken te combineren.
d) Serveer onmiddellijk en geniet van de decadente combinatie van chocolade, hazelnoot en espresso.

88.Amaretto Affogato

INGREDIËNTEN:
- 1 bolletje amandel- of amaretto-gelato
- 1 shot amarettolikeur
- 1 shot espresso

INSTRUCTIES:
a) Doe een bolletje amandel- of amaretto-gelato in een serveerglas.
b) Giet een scheutje amarettolikeur over de gelato. Voeg een shot hete espresso toe.
c) Roer voorzichtig om de smaken te mengen.
d) Serveer onmiddellijk en geniet van de heerlijke combinatie van amaretto, amandel en espresso.

89.Tiramisu Affogato

INGREDIËNTEN:
- 1 bolletje mascarpone-ijs
- 1 shot espresso
- 1 eetlepel cacaopoeder

INSTRUCTIES:
a) Doe een bolletje mascarpone-gelato in een serveerglas.
b) Giet een shot hete espresso over de gelato.
c) Bestrooi de bovenkant met cacaopoeder.
d) Serveer onmiddellijk en geniet van de doet denken aan tiramisu in deze Affogato-variant.

90. Affogato van gezouten karamel

INGREDIËNTEN:
- 1 bolletje gezouten karamelgelato
- 1 shot espresso
- karamel saus

INSTRUCTIES:
a) Doe een bolletje gezouten karamelgelato in een serveerglas.
b) Giet een shot hete espresso over de gelato.
c) Besprenkel met karamelsaus.
d) Serveer onmiddellijk en geniet van de combinatie van zoete en zoute smaken.

91.Citroensorbet Affogato

INGREDIËNTEN:
- 1 bolletje citroensorbet
- 1 shot limoncello-likeur
- 1 shot espresso
- citroenschil (optioneel).

INSTRUCTIES:
a) Schep een bolletje citroensorbet in een serveerglas.
b) Giet een scheutje limoncello likeur over de sorbet.
c) Voeg een shot hete espresso toe. Garneer eventueel met citroenschil.
d) Serveer onmiddellijk en geniet van de verfrissende en pittige smaken.

92.Pistache Affogato

INGREDIËNTEN:
- 1 bolletje pistache-ijs
- 1 shot espresso
- gemalen pistachenoten

INSTRUCTIES:
a) Schep een bolletje pistache-ijs in een serveerglas.
b) Giet een shot hete espresso over de gelato.
c) Bestrooi met gemalen pistachenoten.

93.Kokos Affogato

INGREDIËNTEN:
- 1 bolletje kokosgelato of kokosmelkijs
- 1 shot espresso
- geroosterde kokosvlokken.

INSTRUCTIES:
a) Doe een bolletje kokosgelato of kokosmelkijs in een serveerglas.
b) Giet een shot hete espresso over de gelato.
c) Bestrooi met geroosterde kokosvlokken.

94.Amandel Affogato

INGREDIËNTEN:
- 1 bolletje amandelgelato of amandelmelkijs
- 1 shot amarettolikeur
- 1 shot espresso
- gesneden amandelen

INSTRUCTIES:
a) Doe een bolletje amandelgelato of amandelmelkijs in een serveerglas of kom.
b) Giet een scheutje amarettolikeur over de gelato.
c) Maak een shot hete espresso en giet deze over de gelato en de likeur.
d) Garneer met wat geschaafde amandelen.
e) Serveer onmiddellijk en geniet van de heerlijke combinatie van amandel-, amaretto- en espressosmaken.

95.Sinaasappel En Donkere Chocolade Affogato

INGREDIËNTEN:
- 1 bolletje sinaasappelgelato of sorbet
- 1 shot espresso
- pure chocoladeschaafsel of geraspte pure chocolade

INSTRUCTIES:
a) Schep een bolletje sinaasappelgelato of sorbet in een serveerglas.
b) Giet een shot hete espresso over de gelato.
c) Bestrooi met pure chocoladeschaafsel of geraspte pure chocolade.

96.Nutella Affogato

INGREDIËNTEN:
- 1 bolletje hazelnootgelato of ijs
- 1 shot espresso
- 1 eetlepel Nutella.

INSTRUCTIES:
a) Doe een bolletje hazelnootgelato of ijs in een serveerglas.
b) Schep Nutella over de gelato.
c) Giet een shot hete espresso over de gelato.
d) Roer voorzichtig om de smaken te combineren.

97.Affogato met muntchocoladechips

INGREDIËNTEN:
- 1 bolletje muntchocolade-chip-gelato of ijs
- 1 shot espresso
- chocolade siroop
- verse muntblaadjes (optioneel)

INSTRUCTIES:
a) Doe een bolletje muntchocolade-ijs of ijs in een serveerglas.
b) Giet een shot hete espresso over de gelato.
c) Besprenkel met chocoladesiroop.
d) Garneer eventueel met verse muntblaadjes.

98. Frambozensorbetto Affogato

INGREDIËNTEN:
- 1 schep frambozensorbetto
- 1 shot frambozenlikeur (zoals Chambord)
- 1 shot espresso
- verse bessen

INSTRUCTIES:
a) Schep een bolletje frambozensorbetto in een serveerglas.
b) Giet een scheutje frambozenlikeur over de sorbetto.
c) Voeg een shot hete espresso toe.
d) Garneer met verse bessen.

99.Karamel Macchiato Affogato

INGREDIËNTEN:
- 1 bolletje karamelgelato of ijs
- 1 shot espresso
- karamelsiroop
- slagroom.

INSTRUCTIES:
a) Doe een bolletje karamelgelato of ijs in een serveerglas.
b) Giet een shot hete espresso over de gelato.
c) Besprenkel met karamelsiroop.
d) Top met slagroom.

100.Hazelnoot Biscotti Affogato

INGREDIËNTEN:
- 1 bolletje hazelnootgelato of ijs
- 1 shot espresso
- gemalen hazelnootbiscotti.

INSTRUCTIES:
a) Doe een bolletje hazelnootgelato of ijs in een serveerglas.
b) Giet een shot hete espresso over de gelato.
c) Bestrooi met gemalen hazelnootbiscotti.

CONCLUSIE

Nu we onze reis door de rijke wereld van Ice Gold-desserts afsluiten, hoop ik dat dit kookboek je heeft geïnspireerd om je creativiteit de vrije loop te laten en te genieten van de decadente geneugten van bevroren lekkernijen. "HET IJS GOUDEN DESSERTS KOOKBOEK" is gemaakt met een passie voor het vieren van het kunstenaarschap, de vindingrijkheid en het pure genot van het maken van bevroren desserts, en biedt een verzameling recepten die elke eetervaring zeker naar een hoger niveau zullen tillen.

Bedankt dat je met mij meegaat op dit bevroren avontuur. Moge uw keuken gevuld zijn met de verleidelijke aroma's van vers gekarnd ijs, de verfrissende kou van sorbets en granita's, en de verfijnde schoonheid van elegante semifreddo- en parfaitcreaties. Of je nu geniet van een bolletje gelato op een warme zomeravond of je tegoed doet aan een stukje decadente ijstaart: elke hap kan een moment van pure gelukzaligheid en culinaire perfectie zijn.

Tot we elkaar weer ontmoeten, fijne bevriezing en mogen je bevroren creaties blijven verblinden en verrukken. Op de luxueuze wereld van Ice Gold-desserts en de vreugde die ze in ons leven brengen!

www.ingramcontent.com/pod-product-compliance
Lightning Source LLC
Chambersburg PA
CBHW070355120526
44590CB00014B/1139